みんなの地図帳 ～見やすい・使いやすい～ 初訂版
さくいん

編集　日本視覚障害社会科教育研究会

発行　株式会社 帝国書院

印刷　株式会社 加藤文明社

みんなの地図帳 ～見やすい・使いやすい～ さくいん 日本

日本の領域…1ページ

択捉島　えとろふとう …… c-2
沖ノ鳥島　おきのとりしま …… b-4～5
韓国　かんこく …… a-3
北朝鮮　きたちょうせん …… a-2
台湾　たいわん …… a-4
中国　ちゅうごく …… a-2
日本　にっぽん …… b-3
フィリピン　ふぃりぴん …… a-5
南鳥島　みなみとりしま …… d-4
モンゴル　もんごる …… a-2
与那国島　よなぐにじま …… a-4
ロシア　ろしあ …… b-1

日本の主な島々…2ページ

小笠原諸島　おがさわらしょとう …… c～d-5
隠岐諸島　おきしょとう …… b-3
オホーツク海　おほーつくかい …… d-1
韓国　かんこく …… a-3
北朝鮮　きたちょうせん …… a-2
九州　きゅうしゅう …… a-4
佐渡島　さどしま …… c-3
四国　しこく …… b-4
大東諸島　だいとうしょとう …… b-5
太平洋　たいへいよう …… d-4
中国　ちゅうごく …… a-1～2
対馬　つしま …… a-4
南西諸島　なんせいしょとう …… a-5
日本海　にほんかい …… b-2～3
東シナ海　ひがししなかい …… a-4
北海道　ほっかいどう …… d-2
本州　ほんしゅう …… c-3
ロシア　ろしあ …… b～c-1

日本の8地方区分…3ページ

北海道地方　ほっかいどうちほう …… c-2
中部地方　ちゅうぶちほう …… b-3
東北地方　とうほくちほう …… c-3
関東地方　かんとうちほう …… b～c-3
近畿地方　きんきちほう …… b-3～4
中国地方　ちゅうごくちほう …… a-4
四国地方　しこくちほう …… a-4
九州地方　きゅうしゅうちほう …… a-4

南西諸島…4ページ

奄美大島　あまみおおしま …… c-2
石垣島　いしがきじま …… a-4
伊是名島　いぜなじま …… b-3
伊平屋島　いへやじま …… b-3
西表島　いりおもてじま …… a-4
沖縄県　おきなわけん …… b-4
沖縄市　おきなわし …… b-3
沖縄島　おきなわじま …… c-3
沖永良部島　おきのえらぶじま …… c-3
鹿児島県　かごしまけん …… b～c-1
喜界島　きかいしま …… c-2
九州　きゅうしゅう …… c-1
久米島　くめじま …… b-3
慶良間列島　けらまれっとう …… b-3
先島諸島　さきしましょとう …… a-4
尖閣諸島　せんかくしょとう …… a-4
大東諸島 だいとうしょとう c-4
太平洋　たいへいよう …… c-4
種子島　たねがしま …… c-1
多良間島　たらましま …… a～b-4
吐噶喇列島　とかられっとう …… b～c-2
徳之島　とくのしま …… c-3
那覇市　なはし …… b-3
波照間島　はてるまじま …… a-4
東シナ海　ひがししなかい …… a-2
宮古島　みやこじま …… b-4
屋久島　やくしま …… c-1～2
与那国島　よなぐにじま …… a-4
与論島　よろんじま …… c-3

九州地方の県と主な都市…5ページ

天草市　あまくさし …… b-2
諫早市　いさはやし …… b-2
大分県　おおいたけん …… c-1～2
大分市　おおいたし …… c-1
鹿児島県　かごしまけん …… b-3
鹿児島市　かごしまし …… b-3
鹿屋市　かのやし …… b-3
唐津市　からつし …… a-1
北九州市　きたきゅうしゅうし …… b-1
霧島市　きりしまし …… b-3
熊本県　くまもとけん …… b-2
熊本市　くまもとし …… b-2
久留米市　くるめし …… b-1
佐賀県　さがけん …… a～b-1
佐賀市　さがし …… b-1

佐世保市　させぼし……a-1
太宰府市　だざいふし……b-1
鳥栖市　とすし……b-1
長崎県　ながさきけん……a-2
長崎市　ながさきし……a-2
中津市　なかつし……c-1
延岡市　のべおかし……c-2
平戸市　ひらとし……a-1
福岡県　ふくおかけん……b-1
福岡市　ふくおかし……b-1
別府市　べっぷし……c-1
水俣市　みなまたし……b-2
都城市　みやこのじょうし……c-3
宮崎県　みやざきけん……c-2
宮崎市　みやざきし……c-3
八代市　やつしろし……b-2

九州地方の自然…6ページ

阿蘇山　あそさん……b～c-2
天草諸島　あまくさしょとう……a-2
有明海　ありあけかい……b-1
壱岐　いき……a-1
雲仙岳　うんぜんだけ……b-2
大隅海峡　おおすみかいきょう……b-3
大隅半島　おおすみはんとう……b-3
大淀川　おおよどがわ……b～c-1～2
九州山地　きゅうしゅうさんち……b～c-2
霧島山　きりしまやま……b-3
くじゅう連山　くじゅうれんざん……c-1
国東半島　くにさきはんとう……c-1
球磨川　くまがわ……b-2
玄界灘　げんかいなだ……a～b-1
甑島列島　こしきじまれっとう……a-3
桜島　さくらじま……b-3
佐多岬　さたみさき……b-3
薩摩半島　さつまはんとう……b-3
周防灘　すおうなだ……c-1
筑後川　ちくごがわ……c-1
筑紫山地　つくしさんち……b-1
筑紫平野　つくしへいや……b-1
日向灘　ひゅうがなだ……c-2

中国地方の県と主な都市…8ページ

出雲市　いずもし……b-1
岩国市　いわくにし……b-2
宇部市　うべし……a-3
岡山県　おかやまけん……c-2
岡山市　おかやまし……c-2
倉敷市　くらしきし……c-2
倉吉市　くらよしし……c-1
呉市　くれし……b-2
島根県　しまねけん……b-1
下関市　しものせきし……a-3
津山市　つやまし……c～d-1
鳥取県　とっとりけん……c-1
鳥取市　とっとりし……d-1
浜田市　はまだし……b-2
広島県　ひろしまけん……b～c-2
広島市　ひろしまし……b-2
福山市　ふくやまし……c-2
松江市　まつえし……c-1
山口県　やまぐちけん……a-2
山口市　やまぐちし……a-2
米子市　よなごし……c-1

中国地方の自然…9ページ

因島　いんのしま……c-2
江田島　えたじま……b-2
太田川　おおたがわ……b-2
岡山平野　おかやまへいや……c～d-2
吉備高原　きびこうげん……c-2
江の川　ごうのかわ……b-1
島根半島　しまねはんとう……b-1
宍道湖　しんじこ……b-1
瀬戸内海　せとないかい……c-3
大山　だいせん……c-1
高梁川　たかはしがわ……c-2
中国山地　ちゅうごくさんち……c-1
鳥取砂丘　とっとりさきゅう……d-1
中海　なかうみ……c-1
日本海　にほんかい……a-1
日御碕　ひのみさき……b-1
氷ノ山　ひょうのせん……d-1
広島平野　ひろしまへいや……b-2

四国地方の県と主な都市…11ページ

阿南市　あなんし……c-2
今治市　いまばりし……a-1
宇和島市　うわじまし……a-2
愛媛県　えひめけん……a-2
香川県　かがわけん……b～c-1
高知県　こうちけん……b-2
高知市　こうちし……b-2
香南市　こうなんし……b-2
高松市　たかまつし……b～c-1
徳島県　とくしまけん……c-2
徳島市　とくしまし……c-1
鳴門市　なるとし……c-1
南国市　なんこくし……b-2
新居浜市　にいはまし……b-2
松山市　まつやまし……a-2
丸亀市　まるがめし……b-1
三豊市　みとよし……b-1

四国地方の自然…12ページ

足摺岬　あしずりみさき……b-3
石鎚山　いしづちさん……b-2
高知平野　こうちへいや……b-2
佐田岬　さだみさき……a-2
讃岐平野　さぬきへいや……b～c-1
四国山地　しこくさんち……b～c-2
四万十川　しまんとがわ……b-3
小豆島　しょうどしま……c-1
瀬戸内海　せとないかい……a-1

太平洋　たいへいよう…… c-3
剣山　つるぎさん…… c-2
土佐湾　とさわん…… b-2
室戸岬　むろとざき…… c-2
吉野川　よしのがわ…… c-1

近畿地方の府県と主な都市 …14ページ

生駒市　いこまし…… b-3
伊勢市　いせし…… c-3
宇治市　うじし…… b-3
大阪市　おおさかし…… b-3
大阪府　おおさかふ…… b-3
大津市　おおつし…… b-2〜3
橿原市　かしはらし…… b-3
亀岡市　かめおかし…… b-2〜3
京都市　きょうとし…… b-2〜3
京都府　きょうとふ…… b-2
草津市　くさつし…… c-2〜3
神戸市　こうべし…… b-3
堺市　さかいし…… b-3
滋賀県　しがけん…… c-2
新宮市　しんぐうし…… b-4
鈴鹿市　すずかし…… c-3
田辺市　たなべし…… b-4
津市　つし…… c-3
豊岡市　とよおかし…… a-2
長浜市　ながはまし…… c-2
奈良県　ならけん…… b〜c-3
奈良市　ならし…… b-3
西宮市　にしのみやし…… b-3
橋本市　はしもとし…… b-3
東大阪市　ひがしおおさかし…… b-3
彦根市　ひこねし…… c-2
姫路市　ひめじし…… a-3
兵庫県　ひょうごけん…… a-2
舞鶴市　まいづるし…… b-2
三重県　みえけん…… c-3
四日市市　よっかいちし…… c-3
和歌山県　わかやまけん…… b-4
和歌山市　わかやまし…… b-3

近畿地方の自然…15ページ

天橋立　あまのはしだて…… b-2
淡路島　あわじしま…… a-3
伊勢湾　いせわん…… c-3
大阪平野　おおさかへいや…… b-3
大阪湾　おおさかわん…… b-3
大台ケ原山　おおだいがはらざん…… c-3
紀伊山地　きいさんち…… b-3〜4
紀伊半島　きいはんとう…… b-4
紀の川　きのかわ…… a〜b-3
熊野川　くまのがわ…… c-4
潮岬　しおのみさき…… b-4
志摩半島　しまはんとう…… c-3
鈴鹿山脈　すずかさんみゃく…… c-2〜3
太平洋　たいへいよう…… c-4
丹波高地　たんばこうち…… b-2
日本海　にほんかい…… a-1
播磨平野　はりまへいや…… a-3
氷ノ山　ひょうのせん…… a-2
琵琶湖　びわこ…… c-2
淀川　よどがわ…… b-3
若狭湾　わかさわん…… b-2

中部地方の県と主な都市 …17ページ

愛知県　あいちけん…… b-4
飯田市　いいだし…… b-4
石川県　いしかわけん…… a-3
射水市　いみずし…… b-3
上田市　うえだし…… c-3
越前市　えちぜんし…… a-4
大垣市　おおがきし…… a-4
岡崎市　おかざきし…… b-5
甲斐市　かいし…… c-4
各務原市　かかみがはらし…… a-4
金沢市　かなざわし…… a-3
岐阜県　ぎふけん…… a〜b-4
岐阜市　ぎふし…… a-4
甲府市　こうふし…… c-4
小松市　こまつし…… a-3
坂井市　さかいし…… a-3
佐渡市　さどし…… c-1〜2
静岡県　しずおかけん…… b〜c-4
静岡市　しずおかし…… c-4
下田市　しもだし…… c-5
上越市　じょうえつし…… c-2
高岡市　たかおかし…… a〜b-3
高山市　たかやまし…… b-3
富山県　とやまけん…… b-3
富山市　とやまし…… b-3
豊田市　とよたし…… b-4
豊橋市　とよはしし…… b-5
長岡市　ながおかし…… c-2
長野県　ながのけん…… b〜c-3
長野市　ながのし…… c-3
名古屋市　なごやし…… a-4
七尾市　ななおし…… a-2
新潟県　にいがたけん…… c〜d-2
新潟市　にいがたし…… d-2
白山市　はくさんし…… a-3
浜松市　はままつし…… b-5
福井県　ふくいけん…… a-4
福井市　ふくいし…… a-3
富士市　ふじし…… c-4
松本市　まつもとし…… b-3
南アルプス市　みなみあるぷすし…… c-4
山梨県　やまなしけん…… c-4

中部地方の自然…18ページ

赤石山脈　あかいしさんみゃく…… b〜c-4〜5
浅間山　あさまやま…… c-3
渥美半島　あつみはんとう…… a〜b-5
伊豆半島　いずはんとう…… c〜d-5
伊勢湾　いせわん…… a-5
揖斐川　いびがわ…… a-4
石廊崎　いろうざき…… c-5
越後山脈　えちごさんみゃく…… c-2〜3
越後平野　えちごへいや…… c〜d-2
御前崎　おまえざき…… b〜c-5

御嶽山　おんたけさん････ b-4
木曽川　きそがわ･････････ b-4
木曽山脈　きそさんみゃく ･････････････････････ b-4
北岳　きただけ･･････････ c-4
九頭竜川　くずりゅうがわ ･････････････････････ a-3
黒部川　くろべがわ･･････ b-2
甲府盆地　こうふぼんち･･･ c-4
佐渡島　さどしま･････ b~c-1
信濃川　しなのがわ･･････ c-2
駿河湾　するがわん･･････ c-5
諏訪湖　すわこ･･････････ c-3
立山　たてやま･･････････ b-3
谷川岳　たにがわだけ････ c-3
天竜川　てんりゅうがわ ･･････････････････ b~c-5
富山平野　とやまへいや a~b-3
長良川　ながらがわ･･･ a~b-4
日本海　にほんかい･･････ a-1
濃尾平野　のうびへいや ･･････････････････ a~b-4
能登半島　のとはんとう ･･････････････････ a~b-2
白山　はくさん･･････････ a-3
浜名湖　はまなこ････････ b-5
飛騨高地　ひだこうち ･･････････････････ a-3~4
飛騨山脈　ひださんみゃく ･････････････････････ b-3
富士山　ふじさん････････ c-4
穂高岳　ほたかだけ･･････ b-3
八ケ岳　やつがたけ･･････ c-4
槍ケ岳　やりがたけ･･････ b-3

関東地方の都県と主な都市…20ページ

足利市　あしかがし･･････ b-2
茨城県　いばらきけん････ c-2
宇都宮市　うつのみやし･･･ b-2
太田市　おおたし････････ b-2
小山市　おやまし････････ b-2
神奈川県　かながわけん･･･ b-3
鎌倉市　かまくらし･･････ b-3
川口市　かわぐちし･･････ b-3
川越市　かわごえし･･････ b-3
川崎市　かわさきし･･････ b-3
熊谷市　くまがやし･･････ b-2
群馬県　ぐんまけん･･･ a~b-2
埼玉県　さいたまけん････ b-2
さいたま市　さいたまし･･･ b-3
相模原市　さがみはらし･･･ b-3
高崎市　たかさきし･･････ a-2
館山市　たてやまし･･････ b-3
秩父市　ちちぶし･･ a~b-2~3
千葉県　ちばけん････････ c-3
千葉市　ちばし･･････････ c-3
つくば市　つくばし･･････ c-2
東京　とうきょう････････ b-3
東京都　とうきょうと ･･････････････････ b-3, 4
栃木県　とちぎけん･･････ b-2
栃木市　とちぎし････････ b-2
23区　にじゅうさんく･･･ b-3
日光市　にっこうし･･････ b-2
八王子市　はちおうじし･･･ b-3
日立市　ひたちし････････ c-2
船橋市　ふなばしし･･･ b~c-3
前橋市　まえばしし･･････ b-2
町田市　まちだし････････ b-3
松戸市　まつどし････････ b-3
水戸市　みとし･･････････ c-2
横浜市　よこはまし･･････ b-3

関東地方の自然…21ページ

浅間山　あさまやま･･････ a-2
荒川　あらかわ･･････････ b-2
伊豆半島　いずはんとう a~b-4
犬吠埼　いぬぼうさき････ c-3
越後山脈　えちごさんみゃく ･････････････････････ b-1
大島　おおしま･･････････ b-4
鹿島灘　かしまなだ･･････ c-2
霞ケ浦　かすみがうら････ c-2
関東山地　かんとうさんち ･･････････････････ a-2~3
関東平野　かんとうへいや ･･････････････････ b~c-3
鬼怒川　きぬがわ････････ b-2
相模湾　さがみわん･･････ b-3
白根山　しらねさん･･････ b-2
太平洋　たいへいよう････ c-4
谷川岳　たにがわだけ････ a-2
中禅寺湖　ちゅうぜんじこ ･････････････････････ b-2
東京湾　とうきょうわん･･･ b-3
利根川　とねがわ････････ a-2
那須岳　なすだけ････････ b-1
男体山　なんたいさん････ b-2
野島崎　のじまざき･･････ b-4
箱根山　はこねやま･･･ a~b-3
富士山　ふじさん････････ a-3
房総半島　ぼうそうはんとう ･･････････････････ b~c-3
三浦半島　みうらはんとう ･････････････････････ b-3

東北地方の県と主な都市…23ページ

会津若松市　あいづわかまつし ･････････････････････ a-5
青森県　あおもりけん････ b-2
青森市　あおもりし･･････ b-2
秋田県　あきたけん･･････ b-3
秋田市　あきたし････････ b-3
石巻市　いしのまきし････ c-4
一関市　いちのせきし････ c-4
いわき市　いわきし･･････ b-5
岩手県　いわてけん･･････ c-3
奥州市　おうしゅうし････ c-3
大崎市　おおさきし･･････ b-4
大館市　おおだてし･･････ b-2
郡山市　こおりやまし････ b-5
酒田市　さかたし････････ a-4
仙台市　せんだいし･･････ b-4
大仙市　だいせんし･･････ b-3
鶴岡市　つるおかし･･････ a-4
八戸市　はちのへし･･････ c-2
弘前市　ひろさきし･･････ b-2
福島県　ふくしまけん････ b-5
福島市　ふくしまし･･････ b-5
宮城県　みやぎけん･･･ b~c-4
宮古市　みやこし････････ c-3
盛岡市　もりおかし･･････ c-3

山形県　やまがたけん……a~b-4
山形市　やまがたし……b-4
横手市　よこてし……b-3
米沢市　よねざわし……b-5

東北地方の自然…24ページ

秋田平野　あきたへいや……a-3
阿武隈川　あぶくまがわ……b~c-5
阿武隈高地　あぶくまこうち……b-5
猪苗代湖　いなわしろこ……a~b-5
岩木山　いわきさん……b-2
岩手山　いわてさん……b~c-3
奥羽山脈　おううさんみゃく……b-3~4
大間崎　おおまざき……b-1
男鹿半島　おがはんとう……a-2
恐山　おそれざん……b~c-1
雄物川　おものがわ……a-3
北上川　きたかみがわ……c-4
北上高地　きたかみこうち……c-3
北上盆地　きたかみぼんち……b~c-3
蔵王山　ざおうざん……b-4
三陸海岸　さんりくかいがん……c-3
下北半島　しもきたはんとう……c-1
庄内平野　しょうないへいや……a-4
白神山地　しらかみさんち……b-2
尻屋崎　しりやざき……c-1
仙台平野　せんだいへいや……b~c-4
仙台湾　せんだいわん……c-4
太平洋　たいへいよう……c-5
田沢湖　たざわこ……b-3
龍飛崎　たっぴざき……b-1
鳥海山　ちょうかいざん……b-3
津軽平野　つがるへいや……a~b-2
出羽山地　でわさんち……b-2~3
十和田湖　とわだこ……b~c-2
日本海　にほんかい……a-3
八甲田山　はっこうださん……b-2
磐梯山　ばんだいさん……b-5
燧ケ岳　ひうちがたけ……a-5
陸奥湾　むつわん……b~c-1
最上川　もがみがわ……a-4
山形盆地　やまがたぼんち……b-4

北海道地方の主な都市…26ページ

旭川市　あさひかわし……b-3
網走市　あばしりし……c-3
小樽市　おたるし……b-3
帯広市　おびひろし……c-4
北見市　きたみし……c-3
釧路市　くしろし……c-4
札幌市　さっぽろし……b-3
千歳市　ちとせし……b-4
苫小牧市　とまこまいし……b-4
名寄市　なよろし……b-2
根室市　ねむろし……d-4
函館市　はこだてし……a-4
北海道　ほっかいどう……b-3
室蘭市　むろらんし……b-4
留萌市　るもいし……b-2
稚内市　わっかないし……b-1

北海道地方の自然…27ページ

石狩川　いしかりがわ……b-3
石狩山地　いしかりさんち……c-3
石狩平野　いしかりへいや……b-3
有珠山　うすざん……a~b-4
内浦湾　うちうらわん……a-4
択捉島　えとろふとう……d-2
襟裳岬　えりもみさき……c-4
奥尻島　おくしりとう……a-4
渡島半島　おしまはんとう……a-4
オホーツク海　おほーつくかい……c~d-2
北見山地　きたみさんち……b~c-2
屈斜路湖　くっしゃろこ……c-3
国後島　くなしりとう……d-2
根釧台地　こんせんだいち……c~d-3
サロマ湖　さろまこ……c-2
色丹島　しこたんとう……d-3
支笏湖　しこつこ……b-3
積丹半島　しゃこたんはんとう……a-3
知床半島　しれとこはんとう……c~d-2
宗谷岬　そうやみさき……b-1
大雪山　たいせつざん……c-3
太平洋　たいへいよう……c~d-4
爺爺岳　ちゃちゃだけ……d-2
津軽海峡　つがるかいきょう……a-4
天塩川　てしおがわ……b-1~2
天塩山地　てしおさんち……b-2
洞爺湖　とうやこ……a~b-4
十勝川　とかちがわ……c-4
十勝岳　とかちだけ……b-3
十勝平野　とかちへいや……c-4
日本海　にほんかい……a-2
根室海峡　ねむろかいきょう……d-3
納沙布岬　のさっぷみさき……d-4
歯舞群島　はぼまいぐんとう……d-3
日高山脈　ひだかさんみゃく……b-4
雌阿寒岳　めあかんだけ……c-3
夕張山地　ゆうばりさんち……b-3
羊蹄山　ようていざん……a-3
利尻島　りしりとう……b-1
礼文島　れぶんとう……a~b-1

みんなの地図帳 ～見やすい・使いやすい～　さくいん　世界

東アジア 国・首都・都市…4ページ

インド……a-3
武漢（ウーハン）……b-3
ウランバートル……b-1
ウルムチ……a-2
カザフスタン……a-1
韓国（かんこく）……c-2
北朝鮮（きたちょうせん）……c-2
上海（シャンハイ）……c-2
ソウル……c-2
台湾（たいわん）……c-3
中華人民共和国（ちゅうかじんみんきょうわこく）……b-2
重慶（チョンチン）……b-3
東京（とうきょう）……c-2
日本（にっぽん）……c-2
ハイナン島……b-3
ピョンヤン……c-2
北京（ペキン）……b-2
香港（ホンコン）……b-3
モンゴル……b-1
ラサ……b-3
ルソン島……c-3
ロシア……b-1

東アジア 自然…5ページ

アムール川……c-1
アルタイ山脈……a～b-1
インド……a-3
エベレスト……a-3
黄河（ホワンホー）……b-2
黄海（こうかい）……c-2
ゴビ砂漠……b-2
大シンアンリン山脈……b-2，c-1～2
台湾（たいわん）……c-3
タクラマカン砂漠……a-2
チベット高原……a-2
珠江（チュー川）……b-3
長江（チャンチヤン）……b-2～3
テンシャン山脈……a-2
日本海（にほんかい）……c-2
バイカル湖……b-1
ハイナン島……b-3
バルハシ湖……a-1
東シナ海……c-3
ヒマラヤ山脈……a-2～3
モンゴル高原……b-1
ルソン島……c-3
ロシア……b-1

朝鮮半島 国・首都・都市・自然…6ページ

鴨緑江（アムノック川）……a～b-1～2
インチョン……b-2
ウォンサン……b-2
韓国（かんこく）……b-2
北朝鮮（きたちょうせん）……b-1
キョンジュ……b-2
黄海（こうかい）……a～b-2
ソウル……b-2
チェジュ島……b-3
チャンパイ山脈……b-1
中華人民共和国（ちゅうかじんみんきょうわこく）……a～b-1
チョンジン……b-1
対馬海峡（つしまかいきょう）……b-3
日本（にっぽん）……c-3
日本海（にほんかい）……c-2
漢江（ハン川）……b-2
パンムンジョム……b-2
東シナ海……a-3
ピョンヤン……b-2
プサン……b-2
ペクト山……b-1
ロシア……c-1

東南アジア 国・首都…7ページ

インドネシア〔ジャカルタ〕……a-3
カリマンタン島……b-2～3
カンボジア〔プノンペン〕……a-2
ジャワ島……b-3
シンガポール〔シンガポール〕……a～b-2
スマトラ島……a-2
タイ〔バンコク〕……a-1
台湾（たいわん）……c-1
中華人民共和国（ちゅうかじんみんきょうわこく）……b-1
日本（にっぽん）……c-1
ハイナン島……b-1
パラオ……d-2
東ティモール〔ディリ〕……c-3
フィリピン〔マニラ〕……c-1～2
ブルネイ〔バンダルスリブガワン〕……b-2
ベトナム〔ハノイ〕……b-2
マレーシア〔クアラルンプール〕……a～b-2，b～c-2
ミャンマー〔ネーピードー〕……a-1
ミンダナオ島……c-2
ラオス〔ビエンチャン〕……a-1
ルソン島……c-1

東南アジア 自然…8ページ

インドシナ半島……a-1～2
エーヤワディー川……a-2
オーストラリア……c～d-3
カリマンタン島……b-2
ジャワ島……b-3

スマトラ島 …… a-3
スラウェシ島 …… c-3
チャオプラヤ川 …… a-1
中華人民共和国（ちゅうかじんみんきょうわこく）…… b-1
日本（にっぽん）…… c-1
ニューギニア島 …… d-2
パラオ諸島 …… d-2
ハルマヘラ島 …… c-2
マラッカ海峡 …… a-2
南シナ海 …… b-1〜2
ミンダナオ島 …… c-2
メコン川 …… b-2
ルソン島 …… c-1

南アジア 国・首都・都市 …9ページ

アーメダーバード …… b-2
アフガニスタン …… a〜b-1
イスラマバード …… b-1
イラン …… a-1
インド …… b-2
カラチ …… b-2
コルカタ …… c-2
サウジアラビア …… a-2
ジャイプル …… b-2
スリランカ〔スリジャヤワルダナプラコッテ〕…… b〜c-3
チェンナイ …… b-3
中華人民共和国（ちゅうかじんみんきょうわこく）…… c-1
デリー …… b-2
ネパール〔カトマンズ〕…… b〜c-1
パキスタン …… b-2
バングラデシュ〔ダッカ〕…… c-3
ブータン〔ティンプー〕…… c-2
ベンガルール …… b-3
ボパール …… b-2
ミャンマー …… c-2
ムンバイ …… b-3
モルディブ〔マレ〕…… b-3
ラクナウ …… b-2

南アジア 自然…10ページ

アラビア海 …… a〜b-2〜3
アラビア半島 …… a-2〜3
アンダマン諸島 …… c-3
インダス川 …… a〜b-2
インド洋 …… a〜b-3, b〜c-3
エベレスト山 …… c-2
カスピ海 …… a-1
カラコルム山脈 …… b-1
ガンジス川 …… c-2
セイロン島 …… b〜c-3
大インド砂漠 …… b-2
中華人民共和国（ちゅうかじんみんきょうわこく）…… c-1
デカン高原 …… b-3
ヒマラヤ山脈 …… b〜c-1〜2
ヒンドスタン平原 …… b〜c-2
ペルシア湾 …… a-2
ベンガル湾 …… c-3

西アジア・中央アジア 国・首都・都市…11ページ

アスタナ …… c-1
アフガニスタン …… b〜c-2
アンカラ …… a-1〜2
イエメン〔サヌア〕…… b-3
イスラエル〔エルサレム〕…… a-2
イラク〔バグダッド〕…… a-2
イラン …… b-2
インド …… c-3
ウズベキスタン〔タシケント〕…… b-1
エジプト …… a-3
オマーン〔マスカット〕…… b-3
カザフスタン …… b〜c-1
カブール …… c-2
キプロス〔ニコシア〕…… a-2
キルギス〔ビシュケク〕…… c-1
サウジアラビア …… a〜b-3
シリア〔ダマスカス〕…… a-2
タジキスタン〔ドゥシャンベ〕…… c-2
中華人民共和国（ちゅうかじんみんきょうわこく）…… c-2
テヘラン …… b-2
トルクメニスタン〔アシガバット〕…… b-2
トルコ …… a-2
パキスタン …… c-3
メッカ …… a-3
リヤド …… b-3
ロシア …… a-1

西アジア・中央アジア 自然 …12ページ

アナトリア高原 …… a-2
アムダリア川 …… b〜c-1
アラビア海 …… b〜c-3
アラル海 …… b-1
イラン高原 …… b-2
インダス川 …… b〜c-3
エルブールズ山脈 …… b-2
カスピ海 …… b-1〜2
カフカス山脈 …… a〜b-1
カラクーム砂漠 …… b-2
紅海（こうかい）…… a-3
黒海（こっかい）…… a-1
ザグロス山脈 …… b-2〜3
シルダリア川 …… b〜c-1
地中海（ちちゅうかい）…… a-2
ティグリス川 …… a〜b-2
ネフド砂漠 …… a〜b-3
パミール高原 …… c-2
バルハシ湖 …… c-1
ペルシア湾 …… b-3
ユーフラテス川 …… a〜b-2
ルブアルハリ砂漠 …… a〜b-3

西アジア拡大 国・首都・都市 …13ページ

アゼルバイジャン〔バクー〕…… b-1〜2
アラブ首長国連邦〔アブダビ〕…… c-3
アルメニア〔エレバン〕…… b-2
アンカラ …… a-1〜2
イエメン …… b-4
イスラエル〔エルサレム〕…… a-2

イラク・・・・・・・・・・・・・・・・b-2
イラン・・・・・・・・・・・・・・b〜c-2
エジプト・・・・・・・・・・・・・・・a-3
オマーン〔マスカット〕・・・c-4
カタール〔ドーハ〕・・・・・・・c-3
キプロス〔ニコシア〕・・・・・a-2
クウェート〔クウェート〕
・・・・・・・・・・・・・・・・・・・b-2
サウジアラビア・・・・・・・・・・b-3
サヌア・・・・・・・・・・・・・・・・b-4
ジョージア〔トビリシ〕・・・b-1
シリア・・・・・・・・・・・・・・a〜b-2
ダマスカス・・・・・・・・・・・・a-2
テヘラン・・・・・・・・・・・・・・c-2
トルコ・・・・・・・・・・・・・・・・a-2
バーレーン〔マナーマ〕・・・b-3
バグダッド・・・・・・・・・・・・b-2
メッカ・・・・・・・・・・・・・・・・b-3
ヨルダン〔アンマン〕・・・・・a-2
リヤド・・・・・・・・・・・・・・・・b-3
レバノン〔ベイルート〕・・・a-2
ロシア・・・・・・・・・・・・・・・・b-1

西アジア拡大 自然
…14ページ

アナトリア高原・・・・・・・・・・a-2
イラン高原・・・・・・・・・・・・・c-2
エルブールズ山脈・・・・・b〜c-2
カスピ海・・・・・・・・・・・・b〜c-2
カフカス山脈・・・・・・・・・・・b-1
紅海（こうかい）・・・・・・・・・a-3
黒海（こっかい）・・・・・・・・・a-1
ザグロス山脈・・・・・・b〜c-2〜3
死海（しかい）・・・・・・・・・・・a-2
地中海（ちちゅうかい）・・・a-2
ティグリス川・・・・・・・・・・・・b-2
ネフド砂漠・・・・・・・・・・・・・b-3
ペルシア湾・・・・・・・・・・・・・c-3
ユーフラテス川・・・・・・・・・・b-2
ルブアルハリ砂漠・・・・・・・・b-3

中央アジア拡大 国・首都・都市…15ページ

アシガバット・・・・・・・・・・・・b-3
アスタナ・・・・・・・・・・・・・・・d-1
アフガニスタン・・・・・・・・・・c-3
アルマティ・・・・・・・・・・・・・d-2
イラン・・・・・・・・・・・・・・・・・b-3
ウズベキスタン・・・・・・・・・・c-2
カザフスタン・・・・・・・・・・・・c-2
カラガンダ・・・・・・・・・・・・・d-2
キルギス・・・・・・・・・・・・・・・d-2
サマルカンド・・・・・・・・・・・・c-3
セメイ（セミパラティンスク）
・・・・・・・・・・・・・・・・・・・e-1
タジキスタン〔ドゥシャンベ〕
・・・・・・・・・・・・・・・・・c〜d-3
タシケント・・・・・・・・・・・・・c-2
中華人民共和国（ちゅうかじんみんきょうわこく）・・・・・e-3
トルクメニスタン・・・・・b〜c-3
トルクメンバシ・・・・・・・・・・b-2
ビシュケク・・・・・・・・・・・・・d-2
ロシア・・・・・・・・・・・・b-1，e-1

中央アジア拡大 自然
…16ページ

アフガニスタン・・・・・・・・・・c-3
アムダリア川・・・・・・・・・b〜c-2
アラル海・・・・・・・・・・・・・・・b-2
アルタイ山脈・・・・・・・・・e-1〜2
イラン・・・・・・・・・・・・・・・・・b-3
ウラル川・・・・・・・・・・・・・・・b-2
カザフステップ・・・・・・・b〜c-2
カスピ海・・・・・・・・・・・・b-2〜3
カラクーム砂漠・・・・・・・b〜c-3
シルダリア川・・・・・・・・・・・・c-2
中華人民共和国（ちゅうかじんみんきょうわこく）・・・・・e-3
テンシャン山脈・・・・・・・d〜e-2
パミール高原・・・・・・・・・・・・d-3
バルハシ湖・・・・・・・・・・・・・d-2
ロシア・・・・・・・・・・・・b-1，e-1

アフリカ 国・首都
…17ページ

アルジェリア〔アルジェ〕
・・・・・・・・・・・・・・・・・・・a-1
アンゴラ〔ルアンダ〕・・・・・b-3
エジプト〔カイロ〕・・・・b〜c-1
エチオピア〔アディスアベバ〕
・・・・・・・・・・・・・・・・・・・c-2
エリトリア〔アスマラ〕・・・c-2
ケニア〔ナイロビ〕・・・・・・・c-2
コモロ〔モロニ〕・・・・・・・・・c-3
コンゴ民主共和国〔キンシャサ〕
・・・・・・・・・・・・・・・・・・・b-3
サントメ・プリンシペ〔サントメ〕
・・・・・・・・・・・・・・・・・a-2〜3
ザンビア〔ルサカ〕・・・・・・・b-3
ジブチ〔ジブチ〕・・・・・・・・・c-2
スーダン〔ハルツーム〕
・・・・・・・・・・・・・・・・・b〜c-2
セーシェル〔ビクトリア〕・・c-3
赤道ギニア〔マラボ〕・・・・・a-2
ソマリア〔モガディシュ〕
・・・・・・・・・・・・・・・・・c-2〜3
タンザニア〔ダルエスサラーム〕
・・・・・・・・・・・・・・・・・・・c-3
チャド〔ンジャメナ〕・・・・・b-2
チュニジア〔チュニス〕・・・b-1
ナイジェリア〔アブジャ〕
・・・・・・・・・・・・・・・・・a〜b-2
ナミビア〔ウィントフック〕
・・・・・・・・・・・・・・・・・b-3〜4
西アジア・・・・・・・・・・・・・・・c-1
ニジェール〔ニアメ〕・・a〜b-2
ボツワナ〔ハボローネ〕・・・b-4
マダガスカル〔アンタナナリボ〕
・・・・・・・・・・・・・・・・・・・c-4
マリ〔バマコ〕・・・・・・・・・・・a-2
南アフリカ〔プレトリア〕
・・・・・・・・・・・・・・・・・・・b-4
南スーダン〔ジュバ〕・・b〜c-2
モーリタニア〔ヌアクショット〕
・・・・・・・・・・・・・・・・・a-1〜2
モロッコ〔ラバト〕・・・・・・・a-1
ヨーロッパ・・・・・・・・・・・・・b-1
リビア〔トリポリ〕・・・・・・・b-1

アフリカ 自然…18ページ

アトラス山脈…a-1
アラビア半島…c-1
エチオピア高原…c-2
カメルーン山…a~b-2
カラハリ砂漠…b~c-4
ギニア湾…a-3
キリマンジャロ山…c-3
コモロ諸島…c-3
コンゴ川…a~b-3
コンゴ盆地…b-3
サハラ砂漠…a~b-1
ザンベジ川…c-4
スエズ運河…b~c-1
大西洋（たいせいよう）…a-4
タンガニーカ湖…b~c-3
地中海（ちちゅうかい）…b-1
チャド湖…b-2
ナイル川…b-1
ナミブ砂漠…a~b-4
ニジェール川…a-2
ビクトリア湖…c-2
マダガスカル島…c-4
マラウイ湖…b~c-3

アフリカ西部 国・首都 …19ページ

アルジェリア…b-1
ガーナ〔アクラ〕…b-2
カーボベルデ〔プライア〕…a-1
ガボン〔リーブルビル〕…c-3
カメルーン〔ヤウンデ〕…c-2
ガンビア〔バンジュール〕…a-2
ギニア〔コナクリ〕…a-2
ギニアビサウ〔ビサウ〕…a-2
コートジボワール〔ヤムスクロ〕…b-2
コンゴ共和国〔ブラザビル〕…c-3
サントメ・プリンシペ〔サントメ〕…b-3
シエラレオネ〔フリータウン〕…a-2
赤道ギニア〔マラボ〕…b-3
セネガル〔ダカール〕…a-2
チャド〔ンジャメナ〕…c-2
中央アフリカ〔バンギ〕…c-2
トーゴ〔ロメ〕…b-2
ナイジェリア〔アブジャ〕…b~c-2
ニジェール〔ニアメ〕…b-2
西サハラ…a-1
ブルキナファソ〔ワガドゥグー〕…b-2
ベナン〔ポルトノボ〕…b-2
マリ〔バマコ〕…b-2
モーリタニア〔ヌアクショット〕…a-1
リビア…c-1
リベリア〔モンロビア〕…a-2

アフリカ中南部 国・首都 …20ページ

アンゴラ〔ルアンダ〕…a-2
エスワティニ〔ムババーネ〕…b-3
ケニア…b~c-1
コモロ〔モロニ〕…c-2
コンゴ共和国〔ブラザビル〕…a-1
コンゴ民主共和国〔キンシャサ〕…a~b-1
ザンビア〔ルサカ〕…b-2
ジンバブエ〔ハラレ〕…b-2
セーシェル〔ビクトリア〕…c-1
タンザニア〔ダルエスサラーム〕…b-1
ナミビア〔ウィントフック〕…a-3
ブルンジ〔ブジュンブラ〕…b-1
ボツワナ〔ハボローネ〕…b-3
マダガスカル〔アンタナナリボ〕…b~c-2~3
マラウイ〔リロングウェ〕…b-2
南アフリカ共和国〔プレトリア〕…b-3
モーリシャス〔ポートルイス〕…c-3
モザンビーク〔マプト〕…b~c-3
ルワンダ〔キガリ〕…b-1
レソト〔マセル〕…b-3

ヨーロッパの位置 …21ページ

アイスランド島…a-1
アフリカ…a~b-4
アルプス山脈…b-3
イタリア半島…b-4
イベリア半島…a-3
グレートブリテン島…a-2
コラ半島…c-1
スカンディナビア半島…a~b-1
大西洋（たいせいよう）…a-1
地中海（ちちゅうかい）…b-4
ドナウ川…b~c-3
トルコ…c-4
バルカン半島…b~c-3
バルト海…b-2
バレンツ海…c-1
北海（ほっかい）…a-2
ユーラン半島…b-2
ライン川…a~b-3

西部ヨーロッパ 国・首都 …22ページ

アイルランド〔ダブリン〕…a-1
アフリカ…b-3
アンドラ〔アンドララベリャ〕…b-2
イギリス…a~b-1
イタリア…c-3
オーストリア〔ウィーン〕…c-2
オランダ〔アムステルダム〕…b-1
クロアチア…c-2

サンマリノ〔サンマリノ〕…… b〜c-2
スイス〔ベルン〕…… b〜c-2
スペイン…… a-3
スロバキア…… c-2
チェコ〔プラハ〕…… c-1
ドイツ…… b〜c-1
バチカン〔バチカン〕…… c-3
パリ…… b-2
ハンガリー…… c-2
フランス…… b-2
ベルギー〔ブリュッセル〕…… b-1
ベルリン…… c-1
ポーランド…… c-1
ポルトガル〔リスボン〕…… a-3
マドリード…… a-3
マルタ〔バレッタ〕…… c-3
モナコ〔モナコ〕…… b-2
リヒテンシュタイン〔ファドーツ〕…… b〜c-2
ルクセンブルク〔ルクセンブルク〕…… b〜c-2
ローマ…… c-2
ロンドン…… b-1

西部ヨーロッパ 自然…23ページ

アフリカ…… b-3
アペニン山脈…… c-2
アルプス山脈…… b〜c-2
イベリア半島…… a-3
エブロ川…… a-2〜3
エルベ川…… b-1
オーデル川…… c-1
コルス島…… b-2
サルデーニャ島…… b-3
シチリア島…… c-3
ジブラルタル海峡…… a-3
セーヌ川…… b-2
大西洋（たいせいよう）…… a-2
地中海（ちちゅうかい）…… b-3
ディナルアルプス山脈…… c-2
ティレニア海…… c-3
テージョ川…… a-3
テムズ川…… a〜b-1
ドーバー海峡…… a〜b-1〜2
ピレネー山脈…… a〜b-2
ポー川…… c-2
北海（ほっかい）…… b-1
マリョルカ島…… b-3
マルタ島…… c-3
モンブラン…… b-2
ユーラン半島…… b-1
ライン川…… b-2

西部ヨーロッパ中央部 国・首都・都市…24ページ

アムステルダム…… b-1
イギリス…… a-1
イタリア…… b〜c-2〜3
ウィーン…… c-2
オーストリア…… c-2
オランダ…… b-1
クロアチア…… c-2
ケルン…… b-1
スイス…… b-2
ストラスブール…… b-2
スペイン…… a-3
スロバキア…… c-2
スロベニア…… c-2
チェコ…… c-2
デュッセルドルフ…… b-1
ドイツ…… c-1
トゥールーズ…… b-3
ニュルンベルク…… c-2
パリ…… b-2
ハンガリー…… c-2
ハンブルク…… b〜c-1
プラハ…… c-1
フランクフルト…… b-1
フランス…… b-2
ブリュッセル…… b-1
ブレーメン…… b-1
ベルギー…… b-1
ベルリン…… c-1
ベルン…… b-2
ポーランド…… c-1
ボルドー…… a-3
マルセイユ…… b-3
ミュンヘン…… c-2
モナコ…… b-3
ランス…… b-2
リヒテンシュタイン…… b〜c-2
リヨン…… b-3
ルクセンブルク…… b-2

西部ヨーロッパ中央部 自然…25ページ

イギリス…… a-1
アルプス山脈…… b〜c-2
イタリア…… c-3
エルベ川…… b〜c-1
オーデル川…… c-1
北ドイツ平原…… c-1
セーヌ川…… b-2
地中海…… b-3
ドーバー海峡…… b-1
ドナウ川…… c-2
ビスケー湾…… a-2
ピレネー山脈…… a〜b-3
ブルターニュ半島…… a-2
北海（ほっかい）…… b-1
モンブラン山…… b-2
ライン川…… b-1
ロアール川…… a〜b-2

イギリス・アイルランド 国・首都・都市…26ページ

アイルランド…… a-2
イギリス…… b-1
イングランド…… b-2
ウェールズ…… a-3
エディンバラ…… b-2
カーディフ…… b-3
北アイルランド…… a-2
グラスゴー…… a-2
スコットランド…… b-1
ダブリン…… a-2
バーミンガム…… b-3
フランス…… b-3
ベルファスト…… a-2
マンチェスター…… b-2
ロンドン…… b-3

イギリス・アイルランド 自然 …27 ページ

アイリッシュ海 …… a〜b-2
アイルランド島 …… a-2
カンブリア山脈 …… b-3
グレートブリテン島 …… b-3
大西洋（たいせいよう）…… a-1
テムズ川 …… b-3
ネス湖 …… a〜b-1
ペニン山脈 …… b-2
北海（ほっかい）…… b-2
ルーイス島 …… a-1

北部ヨーロッパ 国・首都・都市…28 ページ

イェーテボリ …… a-3
エストニア …… b-3
オスロ …… a-3
コペンハーゲン …… a-3
スウェーデン …… a-3
ストックホルム …… a-3
タリン …… b-3
デンマーク …… a-3
ドイツ …… a-3
ノルウェー …… a-2
ビリニュス …… b-3
フィンランド …… b-2
ベラルーシ …… b-3
ベルゲン …… a-2
ヘルシンキ …… b-2
ポーランド …… a〜b-3
ラトビア …… b-3
リガ …… b-3
リトアニア …… b-3
ロシア …… b-1，b-3

北部ヨーロッパ 自然 …29 ページ

イナリ湖 …… b-1
スカンディナビア山脈 …… a-1
スカンディナビア半島 …… a-2
ノルウェー海 …… a-1
バルト海 …… a〜b-3
フィンランド湾 …… b-2〜3
ベーネルン湖 …… a-3
ベッテルン湖 …… a-3
ボスニア湾 …… a-2
ユーラン半島 …… a-3

イタリア半島 国・首都・都市・自然…30 ページ

アドリア海 …… c-2
アペニン山脈 …… b-2
アルプス山脈 …… a〜b-1
イタリア …… b-1
エトナ山 …… b〜c-3
オーストリア …… b〜c-1
クロアチア …… c-1
コルス島 …… a-2
サルデーニャ島 …… a-3
サンマリノ …… b-2
ジェノバ …… a-2
シチリア島 …… b-3
スイス …… a-1
スロベニア …… b〜c-1
地中海（ちちゅうかい）…… c-3
チュニジア …… a-3
ティレニア海 …… b-3
ナポリ …… b-2
バチカン〔バチカン〕…… b-2
パレルモ …… b-3
ハンガリー …… c-1
フィレンツェ …… b-2
フランス …… a-2
ベズビオ山 …… b-2
ベネツィア …… b-1
ポー川 …… b-2
ボスニア・ヘルツェゴビナ …… c-2
マルタ …… b〜c-3
マルタ島 …… b-3
ミラノ …… a-1
モナコ …… a-2
モンブラン山 …… a-1
ローマ …… b-2

イベリア半島 国・首都・都市・自然…31 ページ

アルジェリア …… c-2
アンドラ …… c-1
エブロ川 …… b〜c-1
グラナダ …… b-2
コルドバ …… b-2
ジブラルタル海峡 …… a-2
スペイン …… a〜b-1
セビリア …… a-2
大西洋（たいせいよう）…… a-1
地中海（ちちゅうかい）…… c-2
テージョ川 …… a-2
バルセロナ …… c-1
バレアレス諸島 …… c-2
バレンシア …… b-2
ビスケー湾 …… b-1
ピレネー山脈 …… b〜c-1
フランス …… c-1
ポルト …… a-1
ポルトガル …… a-2
マドリード …… b-1
モロッコ …… a〜b-2
リスボン …… a-2

東部ヨーロッパ 国・首都 …32 ページ

アドリア海 …… a-2
アルバニア〔ティラナ〕…… a-2
ウクライナ …… c-2
オーストリア …… a-2
キーウ（キエフ）…… c-2
ギリシャ〔アテネ〕…… b-3
クロアチア〔ザグレブ〕…… a-2
黒海（こっかい）…… c-2
スロバキア〔ブラチスラバ〕…… a〜b-2
スロベニア〔リュブリャナ〕…… a-2
セルビア〔ベオグラード〕…… b-2
チェコ …… a-2
ドイツ …… a-1
トルコ …… b-2，c-3
バルト海 …… a-1
ハンガリー〔ブダペスト〕…… a〜b-2

ブカレスト …… b-2
ブルガリア〔ソフィア〕…… b-2
ベラルーシ …… b~c-1
ポーランド …… a~b-1
ミンスク …… b-1
モルドバ〔キシナウ〕…… b-2
モンテネグロ〔ポドゴリツァ〕…… a-2
ラトビア …… b-1
リトアニア …… b-1
ルーマニア …… b-2
ロシア …… b-1, c-1
ワルシャワ …… b-1

東部ヨーロッパ 自然 …33 ページ

アドリア海 …… a-2
アルプス山脈 …… a-2
イオニア海 …… a-3
エーゲ海 …… b-3
オーデル川 …… a-1
カルパティア山脈 …… b-2
黒海（こっかい）…… c-2
ダウガバ川 …… b-1
ディナルアルプス山脈 …… a~b-2
ドナウ川 …… b-2
ドニプロ川（ドニエプル川）…… c-2
トルコ …… c-3
バルカン半島 …… b-2~3
バルト海 …… a-1
ビスワ川 …… b-1
ボスポラス海峡 …… b~c-2
ロシア …… c-1

東部ヨーロッパ中央部 国・首都・都市・自然…34 ページ

アゾフ海 …… c-3
ウクライナ …… b~c-3
オーストリア …… a-3
オーデル川 …… a-3
オデーサ …… c-3
カルパティア山脈 …… b-3
キーウ（キエフ）…… b~c-2
北ドイツ平原 …… a-2
グダンスク …… a-2
クラクフ …… a~b-2
クリム（クリミア）半島 …… b~c-4
黒海（こっかい）…… c-4
スロバキア …… a~b-3
セルビア …… a~b-4
ダウガバ川 …… b-1~2
チェコ …… a-3
チョルノービリ（チェルノブイリ）…… b~c-2
ドイツ …… a-2
ドナウ川 …… b-4
ドニプロ …… c-3
ドニプロ川（ドニエプル川）…… c-3
ハルキウ …… c-3
バルト海 …… a-1
ハンガリー …… a~b-3
東ヨーロッパ平原 …… c-2
ビスワ川 …… a~b-2
ブカレスト …… b-4
ブダペスト …… a-3
ブラショブ …… b-3
ブラチスラバ …… a-3
ベラルーシ …… b-2
ポーランド …… a-2
ポズナン …… a-2
ミンスク …… b-2
モルドバ〔キシナウ〕…… b-3
ヤルタ …… c-4
リトアニア …… b-1
ルーマニア …… b-3
ロシア …… c-2, c-3
ワルシャワ …… b-2

バルカン半島拡大 国・首都・自然…35 ページ

アテネ …… b-2
アルバニア …… a~b-1
イオニア海 …… a-2
エーゲ海 …… b~c-1
北マケドニア …… b-1
ギリシャ …… b-1
クレタ島 …… b-3
クロアチア …… a-1
コソボ〔プリシュティナ〕…… a~b-1
サラエボ …… a-1
スコピエ …… b-1
セルビア …… a~b-1
ソフィア …… b-1
地中海（ちちゅうかい）…… a~b-2
ティーラ島 …… b~c-2
ティラナ …… a-1
テッサロニキ …… b-1
ブカレスト …… b-1
ブルガリア …… b-1
ベオグラード …… a-1
ペロポネソス半島 …… b-2
ボスニア・ヘルツェゴビナ …… a-1
ミコノス島 …… b~c-2
モンテネグロ〔ポドゴリツァ〕…… a-1
ルーマニア …… b-1

ロシア連邦 国・首都・都市 …36 ページ

イルクーツク …… b-2
ウラジオストク …… b-3
エカテリンブルク …… a-2
オイミャコン …… c-2
オムスク …… a-2
カザフスタン …… a~b-3
サンクトペテルブルク …… a-2
ソチ …… a-3
中華人民共和国（ちゅうかじんみんきょうわこく）…… b-3
日本（にっぽん）…… c-3
ノボシビルスク …… b-2
ハバロフスク …… c-3
モスクワ …… a-2
モンゴル …… b-3
ヤクーツク …… b-2
ロシア連邦 …… b-2

ロシア連邦 自然…37ページ

アムール川 …… b〜c-2
アルタイ山脈 …… b-2〜3
ウラル山脈 …… a-2
エニセイ川 …… b-1
オビ川 …… a-2
カスピ海 …… a-3
カムチャツカ半島 …… c-2
黒海（こっかい） …… a-3
コルイマ川 …… c-2
太平洋（たいへいよう） …… c-3
中央シベリア高原 …… b-2
西シベリア低地 …… a〜b-2
ノバヤゼムリャ …… a-1
バイカル湖 …… b-2
バレンツ海 …… a-1
東シベリア海 …… c-1
東ヨーロッパ平原 …… a-2
ベルホヤンスク山脈 …… b〜c-2
北極海（ほっきょくかい） …… b-1
ボルガ川 …… a-2
ラドガ湖 …… a-2
レナ川 …… b-1

北アメリカ 国・首都・都市…38ページ

アメリカ合衆国 …… a-1, b-2
アンカレジ …… a-1
エドモントン …… b-2
オタワ …… c-2
カナダ …… b-1
グリーンランド …… c-1
サンフランシスコ …… a-2
シアトル …… a-2
シカゴ …… b-2
大西洋（たいせいよう） …… c-2〜3
太平洋（たいへいよう） …… a-2
ニューオーリンズ …… b-2
ニューヨーク …… c-2
バンクーバー …… a-2
メキシコ …… b-3
メキシコシティ …… b-3
モントリオール …… c-2
ロサンゼルス …… b-2
ワシントンD.C. …… c-2

北アメリカ 自然…39ページ

アパラチア山脈 …… b〜c-2
カリブ海 …… c-3
グリーンランド …… c-1
五大湖（ごだいこ） …… b〜c-2
コロンビア川 …… a-2
サスカチュワン川 …… b-1〜2
大西洋（たいせいよう） …… c-2
太平洋（たいへいよう） …… a-2
デナリ（マッキンリー）山 …… a-1
ハドソン湾 …… b-1〜2
東シエラマドレ山脈 …… b-3
ベーリング海峡 …… a-1
マッケンジー川 …… a〜b-1
ミシシッピ川 …… b-2
メキシコ湾 …… b-3
ユーコン川 …… a-1
ユカタン半島 …… b-3
リオグランデ川 …… b-2
ロッキー山脈 …… a〜b-2

アメリカ合衆国・メキシコ 国・首都・都市…40ページ

アメリカ合衆国 …… a〜b-1
カナダ …… b-1
サンフランシスコ …… a-2
シアトル …… a-1
シカゴ …… b-1
セントルイス …… b-2
大西洋（たいせいよう） …… c-3
太平洋（たいへいよう） …… a-3
デトロイト …… c-1
デンバー …… b-2
ニューオーリンズ …… b-2
ニューヨーク …… c-1
ヒューストン …… b-2
ボストン …… c-1
マイアミ …… c-3
メキシコ …… a〜b-3
メキシコシティ …… b-3
ロサンゼルス …… a-2
ワシントンD.C. …… c-2

アメリカ合衆国・メキシコ 自然…41ページ

アパラチア山脈 …… c-1〜2
エリー湖 …… c-1
オンタリオ湖 …… c-1
カスケード山脈 …… a-1
カナダ …… b-1
カリフォルニア半島 …… a-3
カリブ海 …… c-3
グレートプレーンズ …… a〜b-1〜2
コロラド川 …… a-1〜2
コロラド高原 …… a-2
コロンビア川 …… a-1
シエラネバダ山脈 …… a-1〜2
スペリオル湖 …… b-1
大西洋（たいせいよう） …… c-3
太平洋（たいへいよう） …… a-3
東シエラマドレ山脈 …… b-3
ヒューロン湖 …… c-1
プエルトリコ島 …… c-3
プレーリー …… b-1
フロリダ半島 …… c-3
ミシガン湖 …… b-1
ミシシッピ川 …… b〜c-2
ミズーリ川 …… b-2
メキシコ湾 …… b-3
ユカタン半島 …… b-3
リオグランデ川 …… b-2
ロッキー山脈 …… a-1

中央アメリカ 国・首都・自然…42ページ

アメリカ合衆国 …… a〜b-1
アンティグア・バーブーダ〔セントジョンズ〕 …… d〜e-2
エルサルバドル〔サンサルバドル〕 …… a〜b-2
カリブ海 …… c-2
キューバ …… b〜c-1
グアテマラ〔グアテマラシティ〕 …… a-2

グレナダ〔セントジョージズ〕……d-2
コスタリカ〔サンホセ〕……b-3
ジャマイカ〔キングストン〕……c-2
セントクリストファー・ネービス〔バセテール〕……d-2
セントビンセント及びグレナディーン諸島〔キングスタウン〕……d~e-2
セントルシア〔カストリーズ〕……d~e-2
大西洋（たいせいよう）……c-1
太平洋（たいへいよう）……a-2~3
ドミニカ共和国〔サントドミンゴ〕……d-2
ドミニカ国〔ロゾー〕……d-2
トリニダード・トバゴ〔ポートオブスペイン〕……e-2
ニカラグア〔マナグア〕……b-2
西インド諸島……c~d-2
ハイチ〔ポルトープランス〕……c-2
パナマ〔パナマシティ〕……c-3
パナマ運河……b~c-2
バハマ〔ナッソー〕……c-1
バルバドス〔ブリッジタウン〕……e-2
プエルトリコ（アメリカ）……d-1~2
ベリーズ〔ベルモパン〕……b-2
ホンジュラス〔テグシガルパ〕……b-2
南アメリカ……d-3
メキシコ……a-2
メキシコ湾……a~b-1

南アメリカ 国・首都・都市…43ページ

アルゼンチン……b-3
ウルグアイ〔モンテビデオ〕……b~c-3
エクアドル……a-1
ガイアナ〔ジョージタウン〕……b-1
カラカス……b-1
カリブ海……a-1
ギアナ（フランス）……c-1
キト……a-1~2
コロンビア……a-1
サンティアゴ……a~b-3
サンパウロ……c-2
スリナム〔パラマリボ〕……b~c-1
大西洋（たいせいよう）……c-3
太平洋（たいへいよう）……a-3
チリ……a-3
パラグアイ〔アスンシオン〕……b-2
ブエノスアイレス……b-3
ブラジリア……c-2
ブラジル……b~c-2
ベネズエラ……a~b-1
ペルー……a-2
ベレン……c-2
ボゴタ……a-1
ボリビア……b-2
マナオス……b-2
ラパス……b-2
リオデジャネイロ……c-2
リマ……a-2
レシフェ……c-2

南アメリカ 自然…44ページ

アタカマ砂漠……a-2
アマゾン川……c-1
アンデス山脈……b-2~3
オリノコ川……a~b-1
カリブ海……a-1
ギアナ高地……b-1
セルバ……b-2
大西洋（たいせいよう）……c-3
太平洋（たいへいよう）……a-3
パンパ……b-3
フォークランド諸島……b~c-3
ブラジル高原……b~c-2
マゼラン海峡……a~b-3
ラプラタ川……b~c-3

オセアニア 国・首都・都市…45ページ

アデレード……a-3
インドネシア……a-1
ウェリントン……c-3
オーストラリア……a-2
キャンベラ……b-3
キリバス〔タラワ〕……c-1
サモア〔アピア〕……c-1
シドニー……b-3
ソロモン諸島〔ホニアラ〕……b-1
太平洋（たいへいよう）……c-2~3
ダーウィン……a-1
タスマン海……b-3
ツバル〔フナフティ〕……c-1
トンガ〔ヌクアロファ〕……c-2
ナウル〔ヤレン〕……b-1
ニューカレドニア（フランス）……b~c-2
ニュージーランド……c-3
パース……a-3
バヌアツ〔ポートビラ〕……b-1~2
パプアニューギニア〔ポートモレスビー〕……b-1
フィジー〔スバ〕……c-2
メルボルン……b-3

オセアニア 自然…46ページ

エファテ島……b-1~2
北島（きたじま）……c-3
グレートサンディー砂漠……a-2
グレートディバイディング山脈……b-2~3
グレートビクトリア砂漠……a-2
サモア諸島……c-1
スラウェシ島……a-1
ソロモン諸島……b-1
太平洋（たいへいよう）……c-2~3
タスマニア島……b-3
タスマン海……b-3
タラワ島……c-1

ティモール島・・・・・・・・・・・・ a-1
トンガ諸島 ・・・・・・・・・・・・・ c-2
ナウル島 ・・・・・・・・・・・・・・・ b-1
ニューカレドニア島 ・・・ b~c-2
ニューギニア島・・・・・・・ a~b-1
フィジー諸島・・・・・・・・・・・・ c-2
フナフティ島・・・・・・・・・・・・ c-1
南島（みなみじま）・・・・・・・ c-3

環太平洋地域の自然と島々
…47 ページ

アリューシャン列島 ・・・・・・ c-2
アンカレジ ・・・・・・・・・・・・・ d-1
カムチャツカ半島・・・・・・・・ b-2
北アメリカ大陸・・・・・・・ c~d-1
太平洋（たいへいよう）・・・ c-2
千島列島（ちしまれっとう）
・・・・・・・・・・・・・・・・・・ a~b-2
日本（にっぽん）・・・・・・・・・ a-2
ハワイ諸島 ・・・・・・・・・・ c~d-3
フィリピン ・・・・・・・・・・・・・ a-3
ベーリング海峡・・・・・・・・・・ c-1
ヤクーツク ・・・・・・・・・・・・・ a-1
ユーラシア大陸・・・・・・・ a~b-1

発刊にあたって

社会科の学習において，地図を読みこなし，そこから得られる情報を基に思考することは不可欠なことです。このことは視覚に障害のある児童・生徒においても同様です。しかしながら，これまでの地図帳は視覚に障害のある児童・生徒にとって十分に理解しやすいものとは言えませんでした。

視覚に障害のある児童・生徒に適した地図を作成するには，視覚障害児に対する長い指導経験に基づく適切な情報の精選と，全体を一覧できないことへの配慮を踏まえた示し方やレイアウトが必要となります。また，このような地図を作成するためには，視覚に障害のある児童・生徒を対象にした教育現場で培われた，優れた教材作成技術も重要となります。

2007 年 2 月 17 日に発足した「日本視覚障害社会科教育研究会」は，最初のプロジェクトとして，点字を使用する児童・生徒にとってわかりやすい地図帳を作成することにしました。そのため，まず長年利用されてきた数種類の点字地図帳を点検し，さらにわかりやすくするために必要なことがらを整理しました。また，日常の教育活動で活用できる基本的な地図帳として，掲載すべき項目を検討しました。そして基本コンセプトとして，日本の都道府県や世界の国々に関する基本的なことがらを，読者に負担感を与えず，適切に読み進められるように配慮することとしました。

このコンセプトに基づき，点字を使用する児童・生徒が容易に認識できるようにするため，国境線や川などの線や都市を示す点などが触って識別しやすいような配慮，凡例や索引を読みやすくする配慮，小・中・高等学校における教育内容を踏まえた情報の精選など，さまざまな検討を行いました。その結果，2008 年 6 月には『点字版基本地図帳』として発行することができました。

その後，弱視の児童・生徒向けの地図帳の作成に取り掛かることを計画し，まずは点字版をそのままトレースして，通常の文字で読めるようにすることから始めました。その地図を使って授業を行ってみると，弱視の児童・生徒にとって見やすく，使いやすいことがわかりました。

そこで，『点字版基本地図帳』を基に，弱視の児童・生徒向けの基本的な地図帳を研究会として正式に作成することとし，2013 年 3 月に作業を開始しました。

『点字版基本地図帳』編集のときと同様に，毎月視覚に障害のある教員を含め会員が集まり，デザイナーが作成した地図を見ながら，より見やすく，使いやすい地図をめざして，約 4 年にわたり検討を重ねました。その結果，日本地図 28 枚と世界地図 38 枚，合計 66 枚が完成しました。

これらの地図を研究会などで紹介したところ，当初に想定していた対象者である弱視の児童・生徒だけではなく，さまざまな学習上の困難を抱える多くの児童・生徒にとっても，有益であることがわかってきました。そのような中，株式会社帝国書院の方々との出会いがあり，2019 年 2 月，本書の初版の発行へと話が進みました。

それから 5 年が経ち，改めて各地図の内容を見直し，最新のデータに基づいた修正や項目の追加，国際情勢等を考慮した新規の地図の作成を行いました。その結果，日本地図はこれまでと同様 28 枚，世界地図は 9 枚増えて 47 枚となりました。

本書が，引き続き全国の視覚に障害のある児童・生徒の社会科学習で活用されるとともに，さまざまな学習上の困難を抱える児童・生徒にとって役立つ，ユニバーサルな地図帳としても活用されることを期待します。

最後に，本書の企画段階から関わり，初版のすべての地図のデザインをして頂いた早野由希さん，本書の発行の実現および改訂作業を効率よく専門的に進めて頂いた株式会社帝国書院の皆様にこの場をお借りして御礼申し上げます。

2024 年 2 月 17 日
日本視覚障害社会科教育研究会　一同

【本書の構成と使い方】

本書を効果的に活用するために，次の1～7の使い方をお読み下さい。

1．地図の枚数と向き

本書の前半は「日本地図の部」，後半は「世界地図の部」です。

日本地図の部＝地図 28枚

世界地図の部＝地図 47枚

地図の向きには「縦長」「横長」の2通りがあります。

2．地図の示し方と図法

地図の示し方は，「日本地図の部」「世界地図の部」で異なっています。なお順序は，「日本地図の部もくじ」「世界地図の部もくじ」をそれぞれご覧下さい。

【日本地図の部】

8地方区分ごとに「都道府県と主な都市」・「自然」・「両方の要素を載せた地図」の3枚ずつがあります。

詳しくは以下の①～③の通りです。

①「都道府県と主な都市」の地図

原則として，各都道府県の県庁所在地と人口第3位までの都市を掲載しました。ただし，一部の県については，小・中・高等学校の学習上必要と思われる基本的な都市名を追加して掲載しています。

②「自然」の地図

小・中・高等学校で学習する基本的な項目を掲載しました。

③「両方の要素を載せた地図」

①と②の２つの地図を重ね合わせた形になっています。ただし，両方の図の要素が重なり，読みづらくなることのないように，図の中での掲載場所を①②の地図とずらすなど，一部調整をしています。

【世界地図の部】

世界地図は世界の６つの州を基本とし，

「世界の６つの州」

「アジアの５区分」

「アフリカ」

「ヨーロッパ（全体と西部・北部・東部）」

「北アメリカ」

「南アメリカ」

「オセアニア」

の順に, 各地方ごとに「国・首都・都市」・「自然」の２枚ずつとなっています。

詳しくは，以下の④～⑥の通りです。

④「国・首都・都市」の地図

原則として，国名と首都の位置を掲載しました。

⑤「自然」の地図

小・中・高等学校で学習する基本的な項目を掲載しました。

⑥以下の地域は，より詳細な図が必要と考え，各地方の図の後に追加しています。また，★のついた地図は，国・首都・都市に自然を入れたものと，入れていないものがあります。

「朝鮮半島」★

「西アジア拡大」

「中央アジア拡大」

「アフリカ西部」★
「アフリカ中南部」★
「西部ヨーロッパ中央部」
「イギリス・アイルランド」
「イタリア半島」★,「イベリア半島」★
「東部ヨーロッパ中央部」★
「バルカン半島」★
「ロシア連邦」
「アメリカ合衆国」
「中央アメリカ」
「環太平洋の自然と島々」

なお各地図は，おもにメルカトル図法を基にして作成しましたが，見やすさや使いやすさを優先して配慮したため，図をデフォルメしたり小さな島などを省略したりして示しました。

3．地図のレイアウト

以下の点は「日本地図の部」「世界地図の部」の地図全体に共通した内容です。

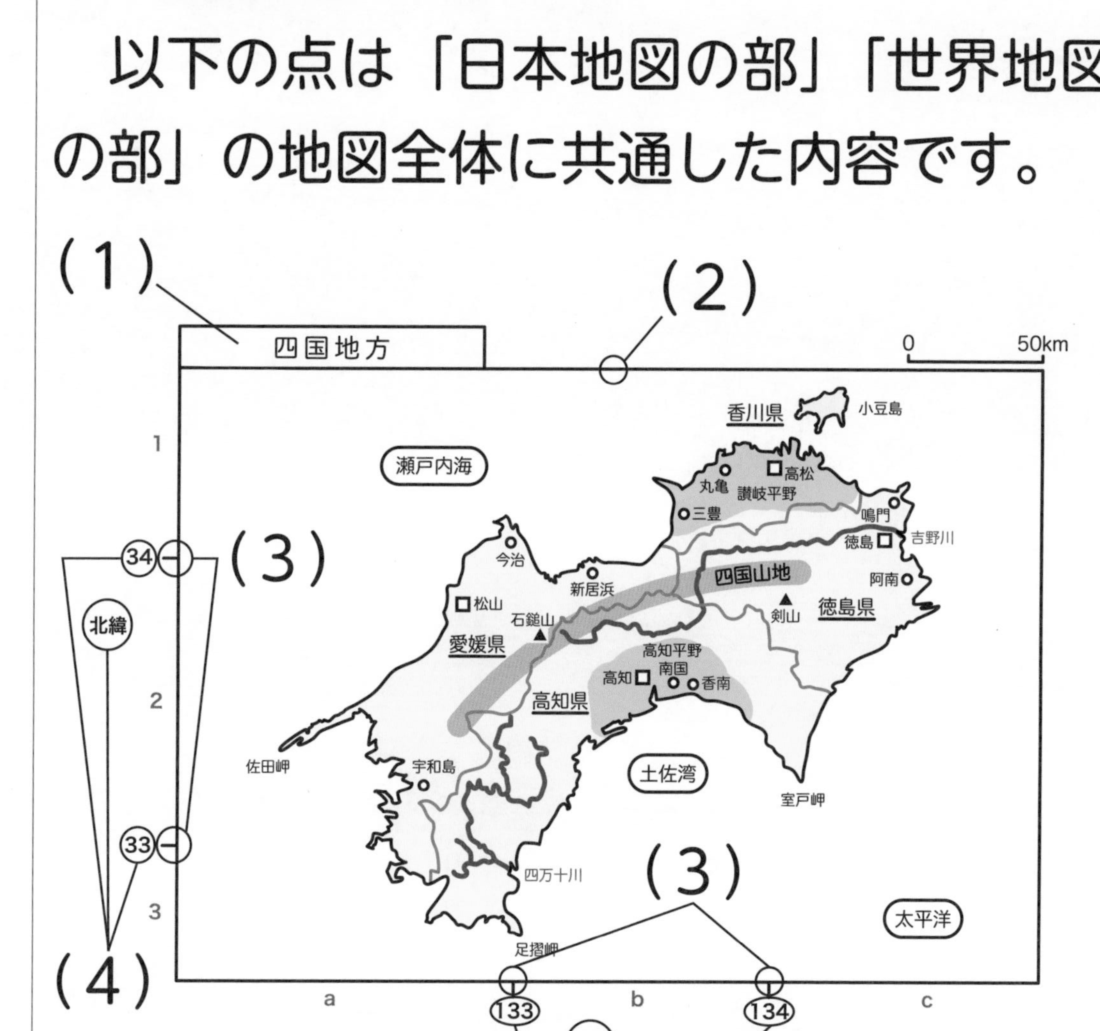

（1）題名

題名は，枠線の外の左上に示しました。

（2）地図を示す枠線

地図と欄外の情報（題名など）をはっ

きりと区別するため，枠線を付けました。

（３）緯線と経線

緯線と経線はそれぞれ数本ずつを，図の左側と下側に入れています。

（４）地図の左側の欄外

地図の左の欄外には，その地図の緯度を示すための情報（例：「北緯」「33」）の文字が書かれています。

また，地図の横方向のエリアを示すために，赤色の数字で「１」「２」「３」のように書いています。

（５）地図の下側の欄外

地図の下側の欄外には，その地図の経度を示すための情報（例：「東経」「133」の文字が書かれています。

また，地図の縦方向のエリアを示すために，赤色のアルファベット小文字で「a」「b」「c」のように書いています。

４．地図上の文字

地図上の都市・地形などの名称を表す文字は，できる限り見やすい位置にそのまま掲載し，短く略すことや，記号化はしないようにしました。なお，「世界地図の部」では，国名を掲載した結果，スペースの都合で首都名を掲載できなかったところがあります。これらの国の首都名は，さくいんの国名のあとに〔　〕で掲載しています。

５．さくいん（別冊）

日本地図・世界地図とも，地図のページごとに，五十音順に載せました。日本地図には，「地名（よみ）」の順で，読み

がなをつけました。

６．縮尺（スケールバー）

「日本地図の部」では各地図の枠線の右上に，地図ごとに大まかな縮尺を示しています。

「世界地図の部」では各地方・地域全体が一枚の図に入ることを優先したため，縮尺は掲載していません。

7．本書で用いた地図記号

本書の地図は，次のような記号を用いて作成しました。

記号	例
海岸線	――
国境線・地方境・県境	――
その他の境界線	‐‐‐‐
都市	□神戸 ○西宮
山	▲大雪山
砂漠	ゴビ砂漠
山地・山脈・高地	テンシャン山脈
川	紀の川
高原・草原・平原・盆地・台地	チベット高原
平野	十勝平野
海	太平洋
海峡	津軽海峡
運河	パナマ運河
特徴ある地形	∴天橋立

なお，見やすさ，わかりやすさに配慮して，記号を例外的に使うことがあります。

みんなの地図帳 ～見やすい・使いやすい～　もくじ　日本

1 ……日本の領域
2 ……日本の主な島々
3 ……日本の８地方区分
4 ……南西諸島
5 ……九州地方の県と主な都市
6 ……九州地方の自然
7 ……九州地方
8 ……中国地方の県と主な都市
9 ……中国地方の自然
10 …… 中国地方
11 …… 四国地方の県と主な都市
12 …… 四国地方の自然
13 …… 四国地方
14 …… 近畿地方の府県と主な都市
15 …… 近畿地方の自然
16 …… 近畿地方
17 …… 中部地方の県と主な都市
18 …… 中部地方の自然
19 …… 中部地方
20 …… 関東地方の都県と主な都市
21 …… 関東地方の自然
22 …… 関東地方
23 …… 東北地方の県と主な都市
24 …… 東北地方の自然
25 …… 東北地方
26 …… 北海道地方の主な都市
27 …… 北海道地方の自然
28 …… 北海道地方

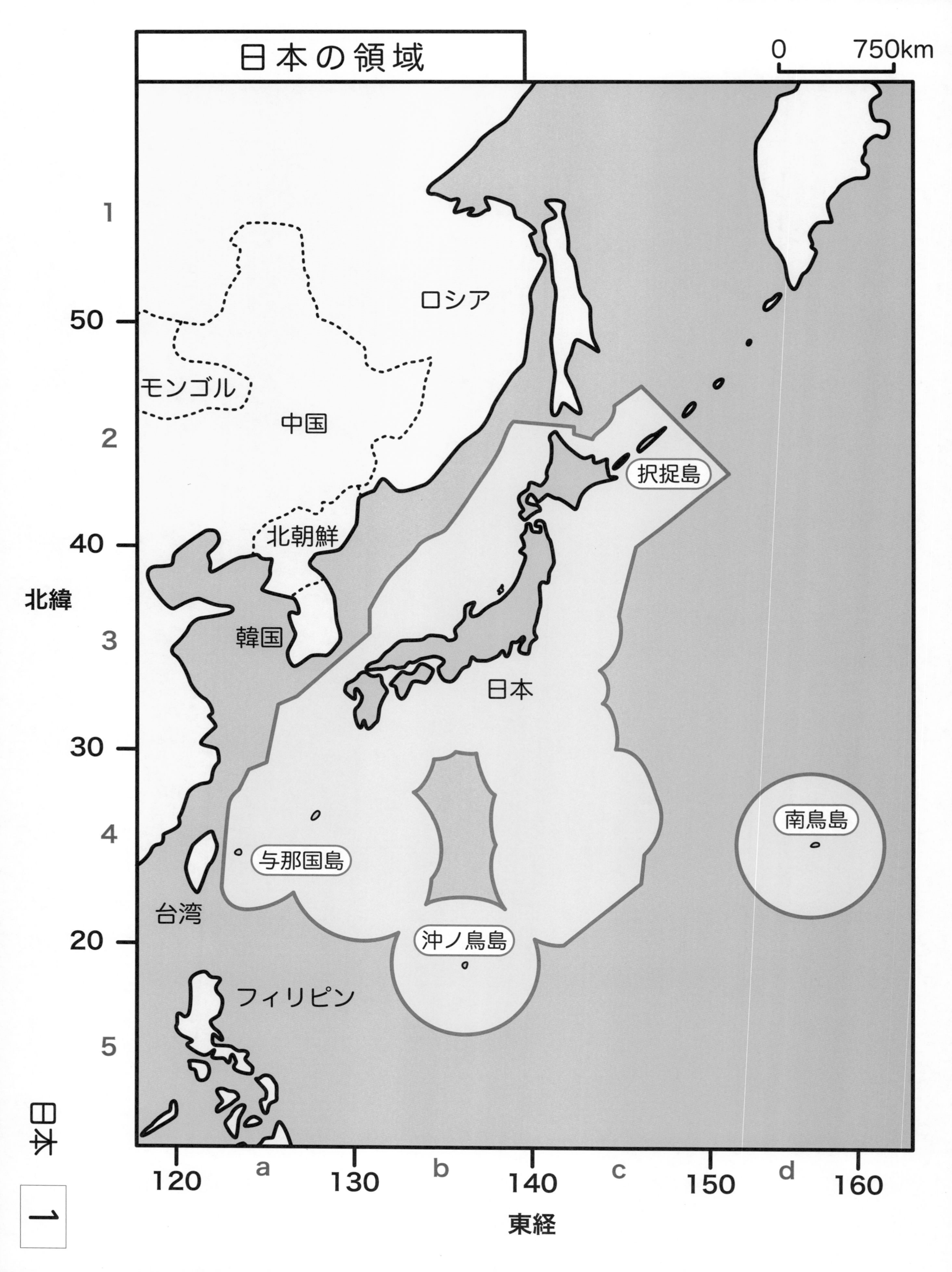
日本の領域
0
750km
1
50
モンゴル
ロシア
中国
2
択捉島
40
北朝鮮
北緯
3
韓国
日本
30
4
与那国島
南鳥島
台湾
20
沖ノ鳥島
フィリピン
5
120
a
130
b
140
c
150
d
160
東経

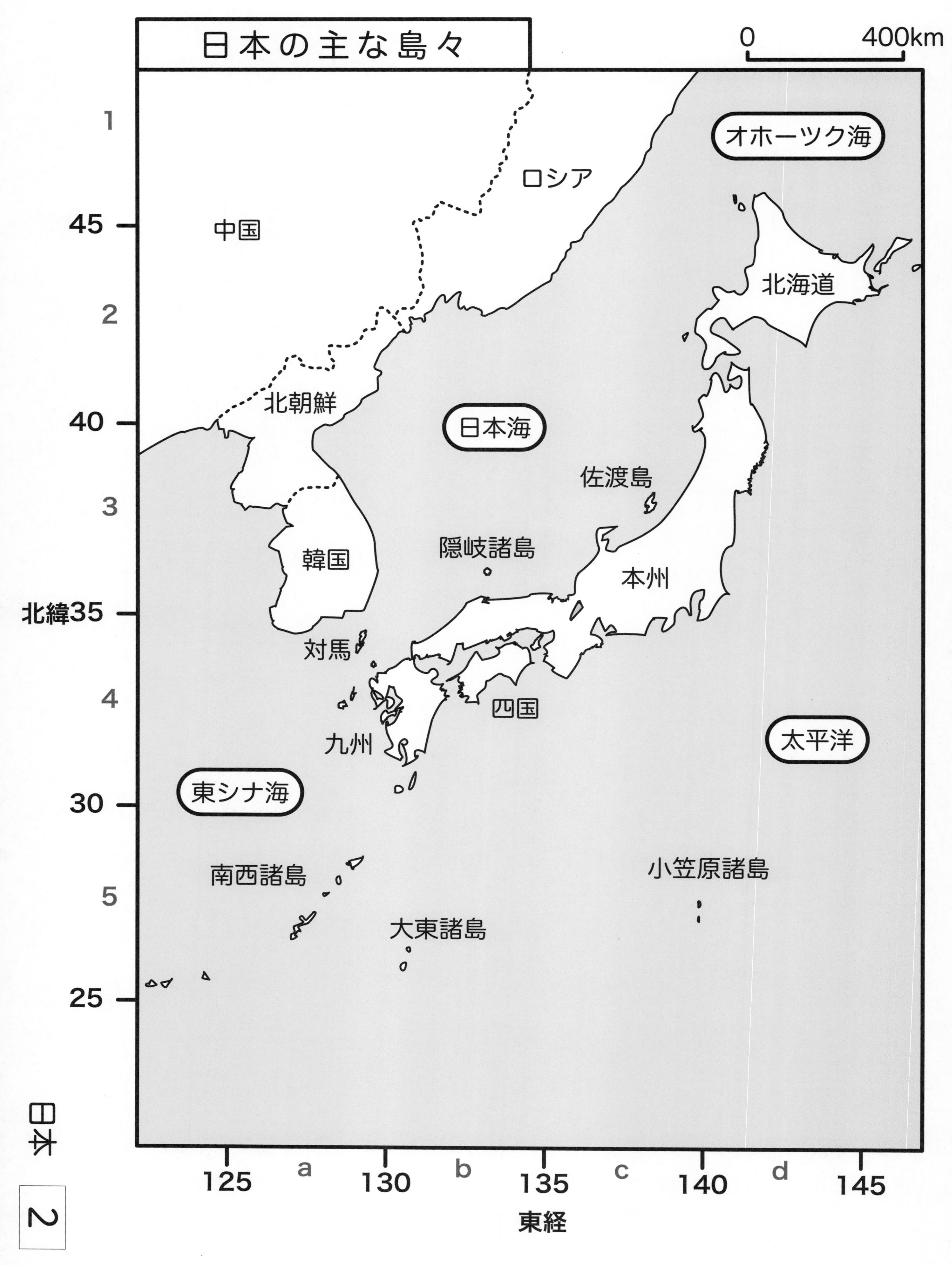
日本の主な島々
0
400km
1
ロシア
オホーツク海
45
中国
北海道
2
北朝鮮
40
日本海
佐渡島
3
隠岐諸島
韓国
本州
北緯35
対馬
4
四国
九州
太平洋
東シナ海
30
南西諸島
小笠原諸島
5
大東諸島
25
125
a
130
b
135
c
140
d
145
東経

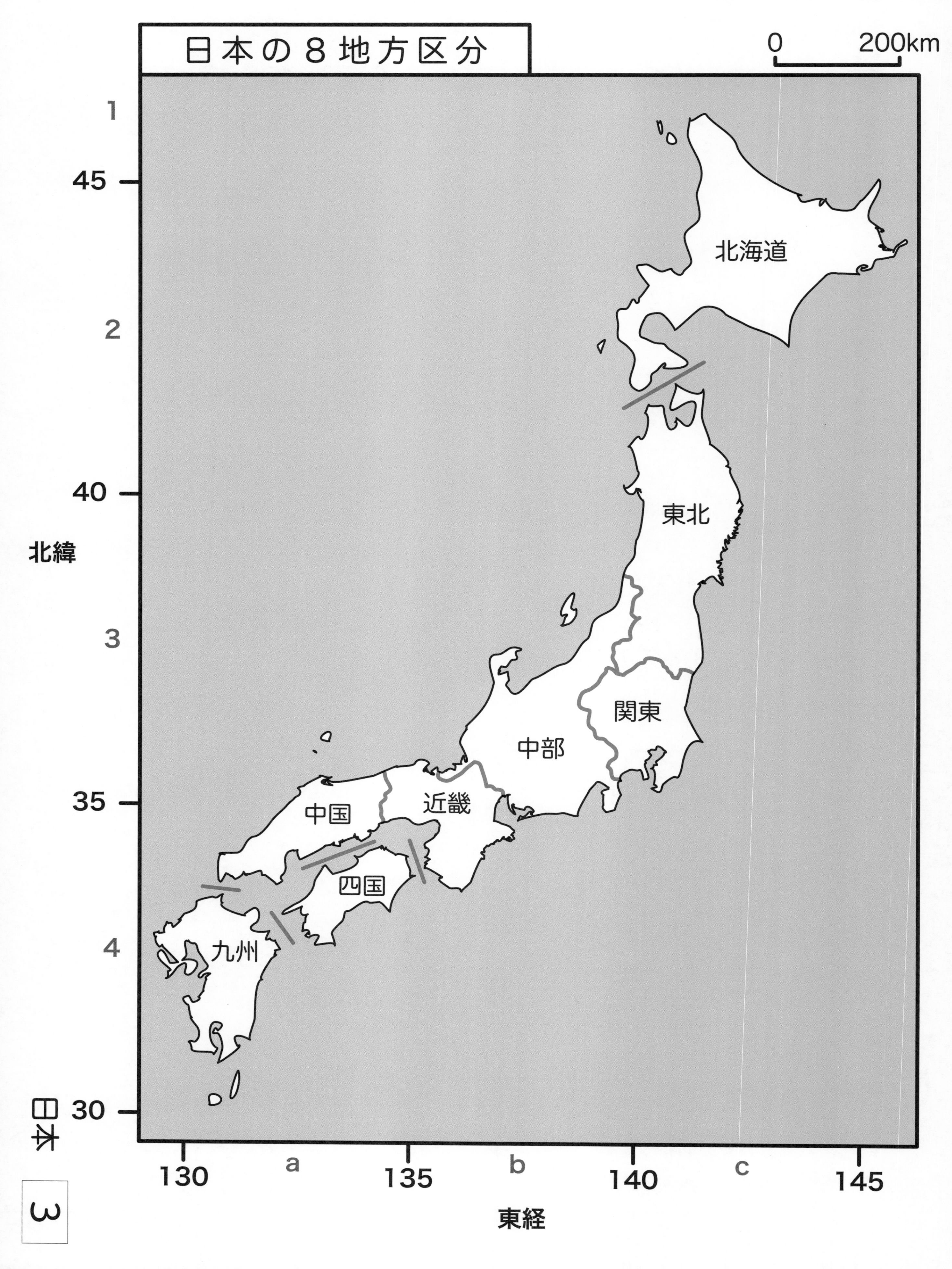
日本の８地方区分
0
200km
1
45
2
40
北緯
3
35
4
30
日本
北海道
東北
関東
中部
近畿
中国
四国
九州
130
a
135
b
140
c
145
東経
3

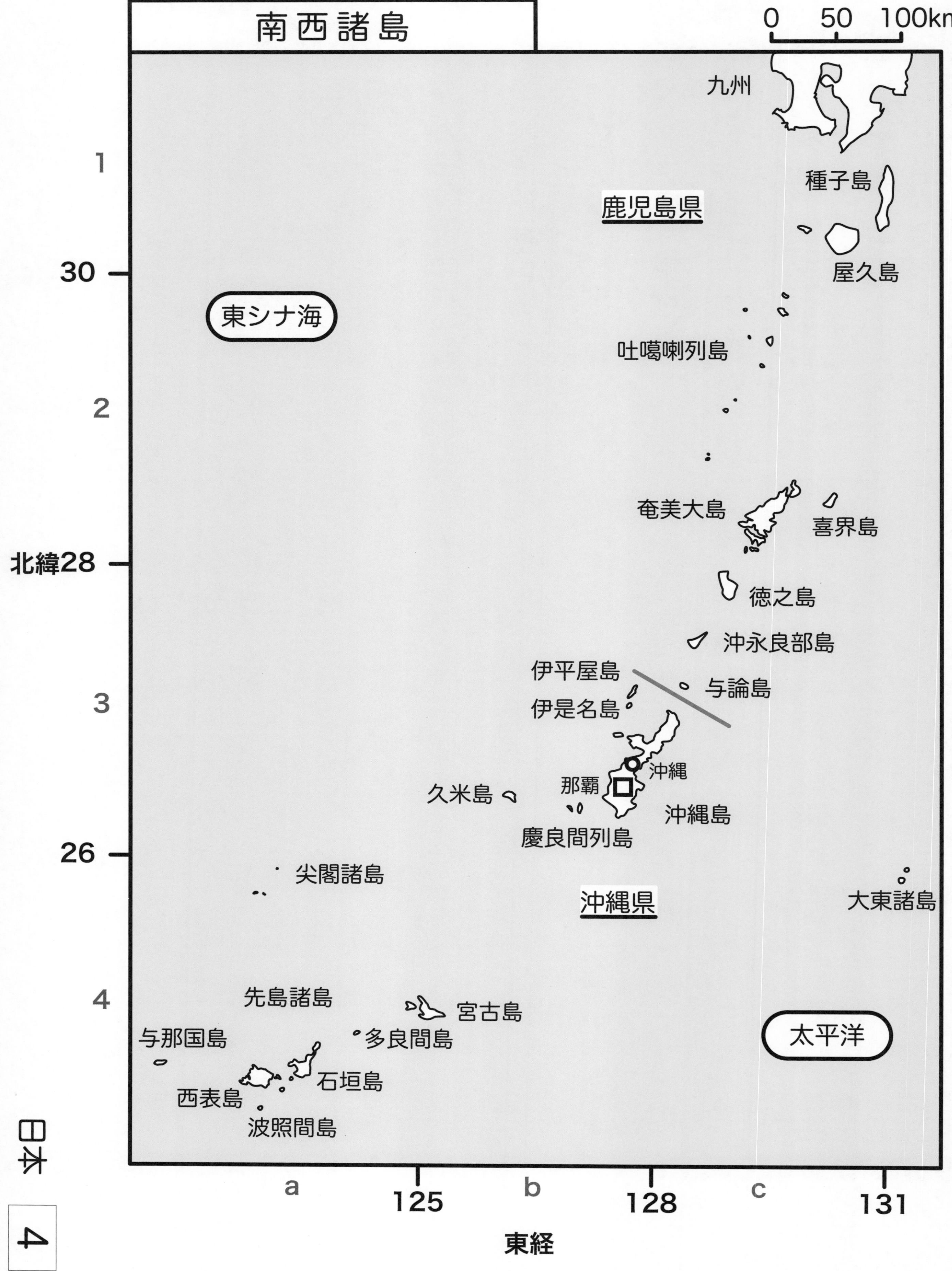
南西諸島
0
50
100km
九州
種子島
鹿児島県
屋久島
30
東シナ海
吐噶喇列島
1
2
奄美大島
喜界島
北緯28
徳之島
沖永良部島
伊平屋島
与論島
3
伊是名島
沖縄
那覇
久米島
沖縄島
慶良間列島
26
尖閣諸島
沖縄県
大東諸島
4
先島諸島
宮古島
与那国島
多良間島
太平洋
石垣島
西表島
波照間島
a
125
b
128
c
131
東経

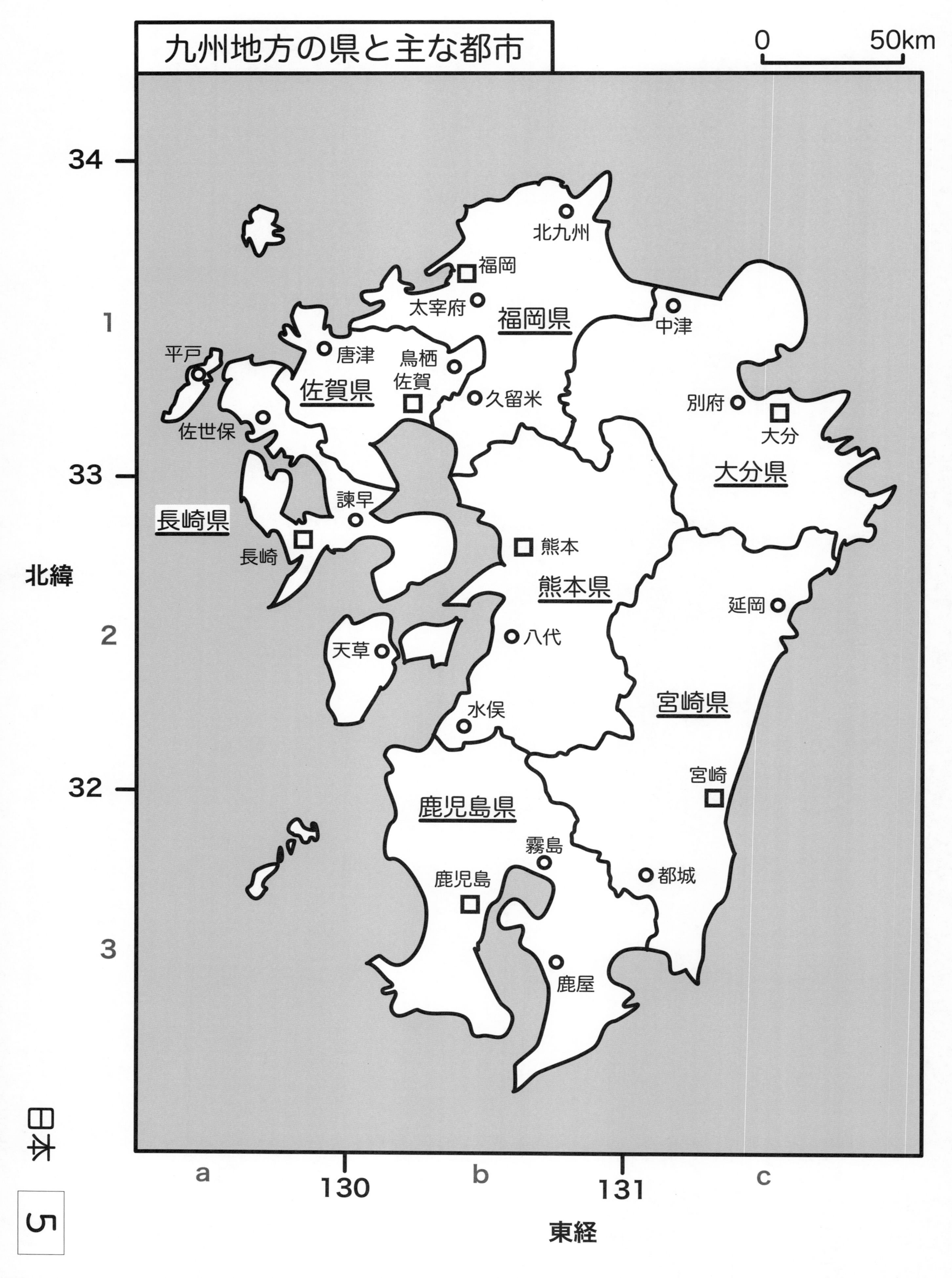
九州地方の県と主な都市
0
50km
34
1
33
2
32
3
北緯
a
130
b
131
c
東経
北九州
福岡
太宰府
福岡県
中津
唐津
鳥栖
佐賀
佐賀県
久留米
平戸
佐世保
別府
大分
大分県
諫早
長崎県
長崎
熊本
熊本県
延岡
八代
天草
宮崎県
水俣
宮崎
鹿児島県
霧島
都城
鹿児島
鹿屋

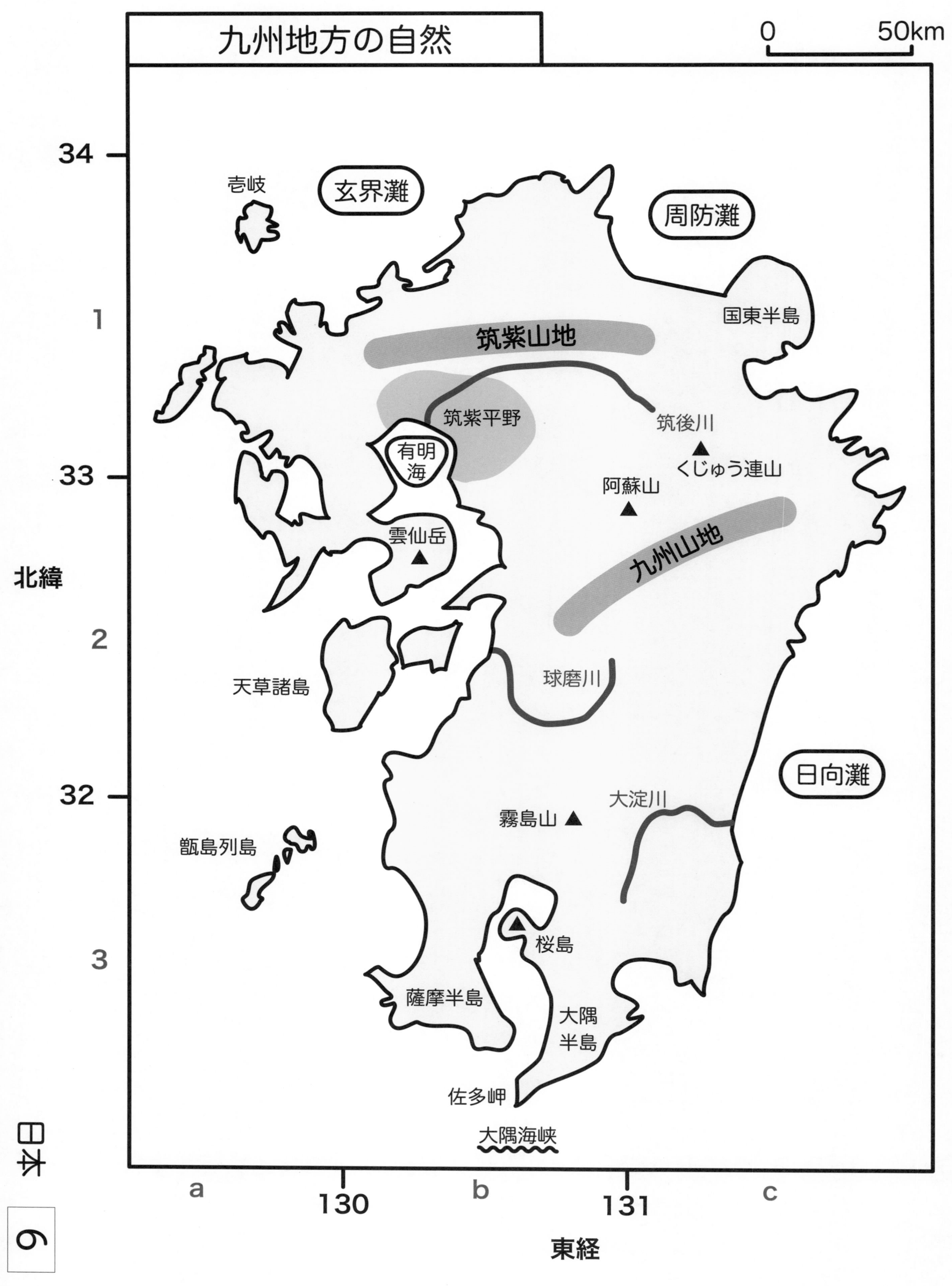
九州地方の自然
0
50km
34
1
33
2
32
3
北緯
壱岐
玄界灘
周防灘
国東半島
筑紫山地
筑紫平野
筑後川
有明海
くじゅう連山
阿蘇山
雲仙岳
九州山地
天草諸島
球磨川
日向灘
大淀川
霧島山
甑島列島
桜島
薩摩半島
大隅半島
佐多岬
大隅海峡
a
130
b
131
c
東経
日本
6

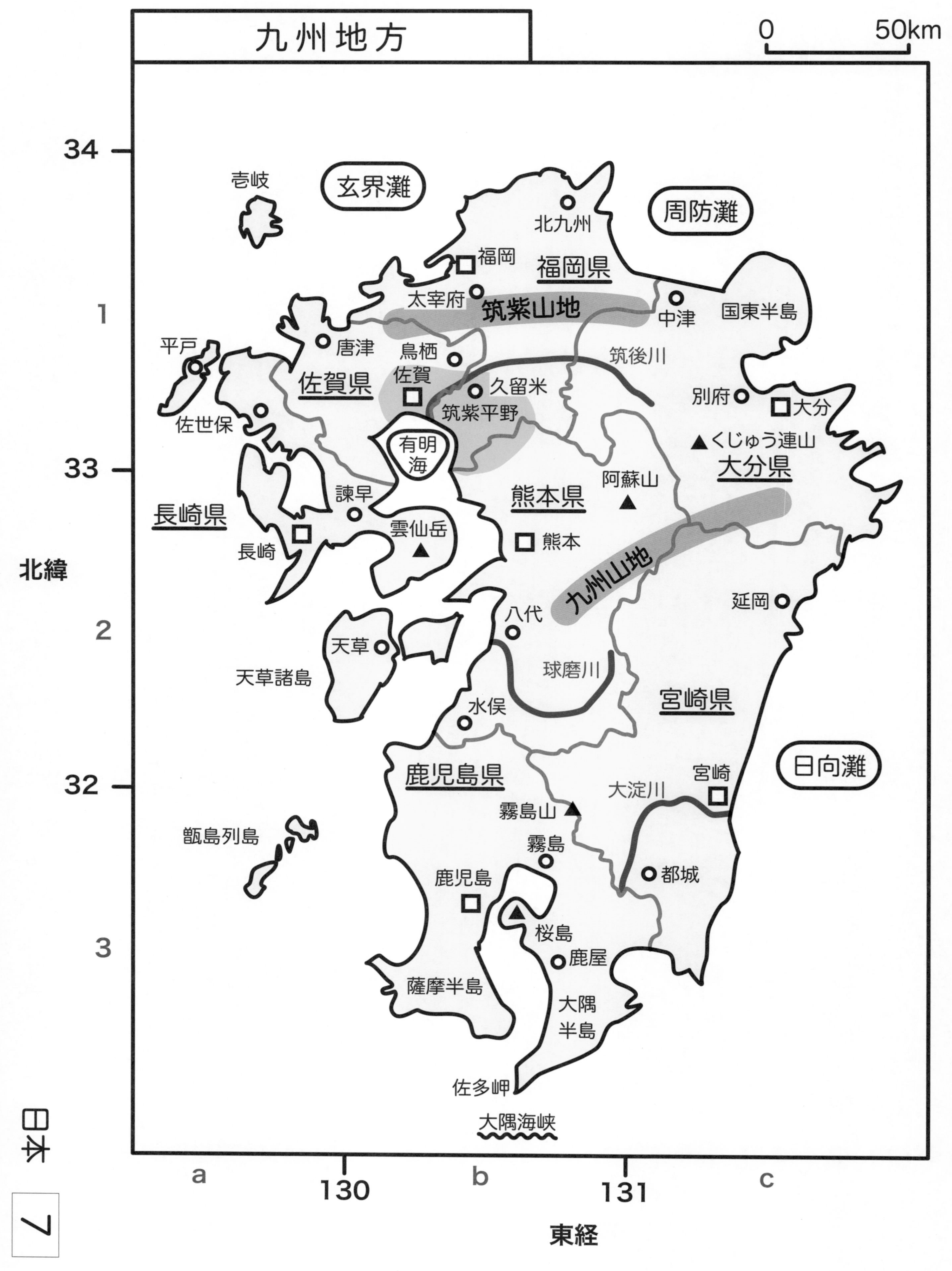

九州地方
0
50km
34
33
32
1
2
3
北緯
a
130
b
131
c
東経
日本
7
壱岐
玄界灘
北九州
周防灘
福岡
福岡県
太宰府
筑紫山地
中津
国東半島
平戸
唐津
鳥栖
筑後川
佐賀
佐賀県
久留米
別府
大分
佐世保
筑紫平野
くじゅう連山
有明海
大分県
阿蘇山
諫早
熊本県
長崎県
雲仙岳
熊本
長崎
九州山地
延岡
八代
天草
球磨川
天草諸島
宮崎県
水俣
日向灘
鹿児島県
宮崎
大淀川
霧島山
甑島列島
霧島
都城
鹿児島
桜島
鹿屋
薩摩半島
大隅半島
佐多岬
大隅海峡

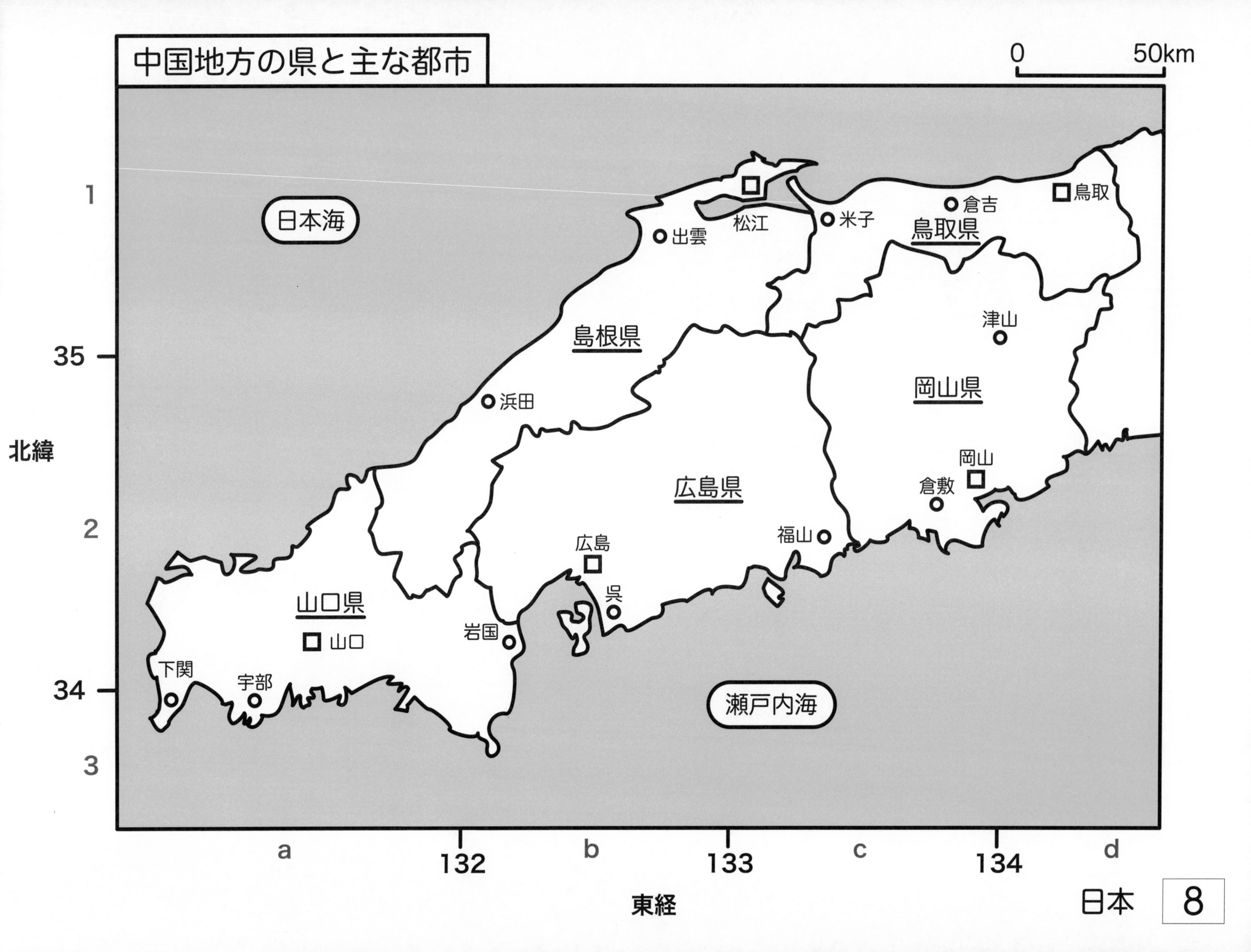
中国地方の県と主な都市
0
50km
日本海
瀬戸内海
鳥取県
島根県
岡山県
広島県
山口県
鳥取
倉吉
米子
松江
出雲
浜田
津山
岡山
倉敷
福山
広島
呉
岩国
山口
宇部
下関
1
2
3
35
34
北緯
a
b
c
d
132
133
134
東経
日本
8

中国地方の自然

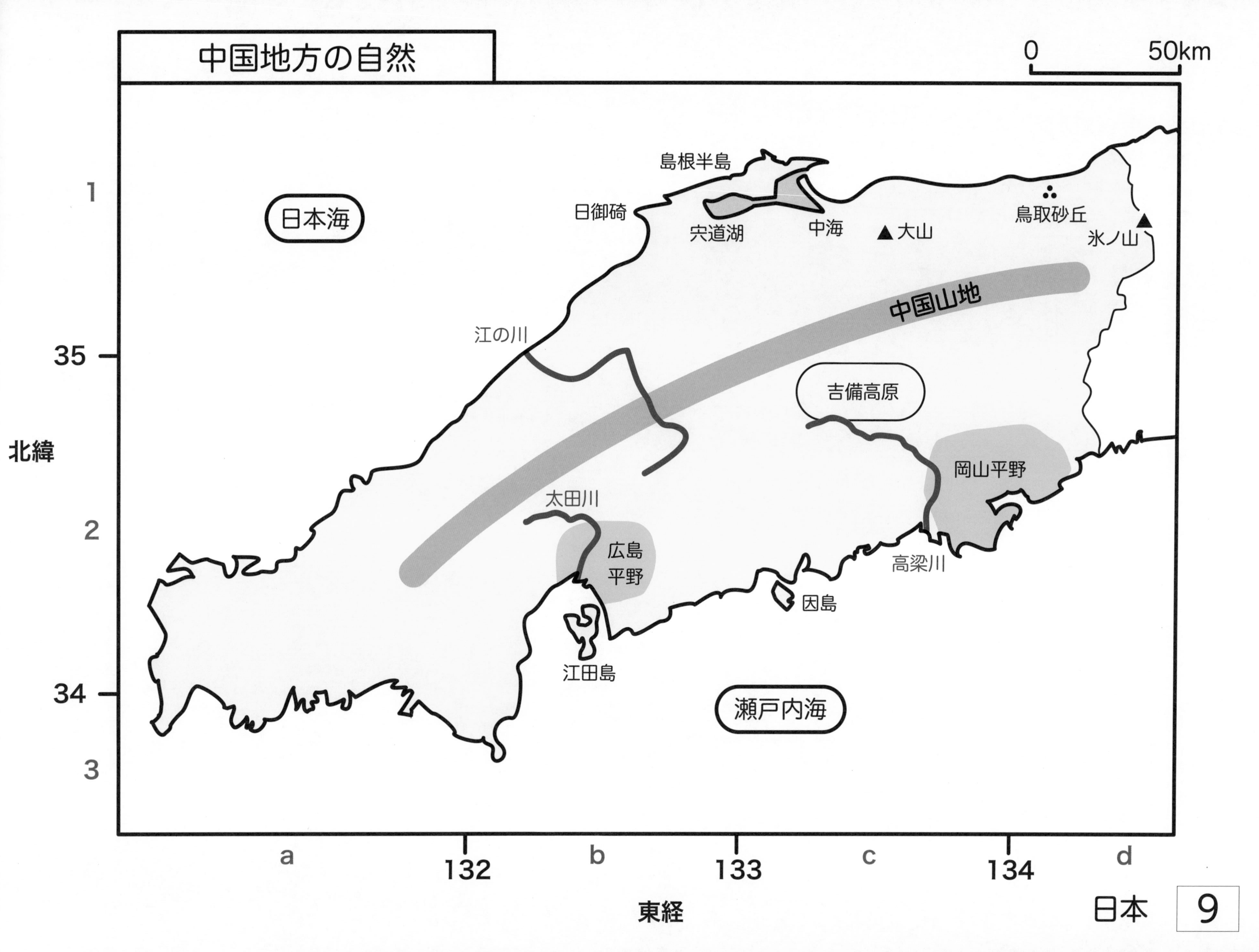

0
50km
日本海
島根半島
日御碕
宍道湖
中海
大山
鳥取砂丘
氷ノ山
中国山地
江の川
吉備高原
岡山平野
太田川
広島
平野
高梁川
因島
江田島
瀬戸内海
1
35
北緯
2
34
3
a
132
b
133
c
134
d
東経

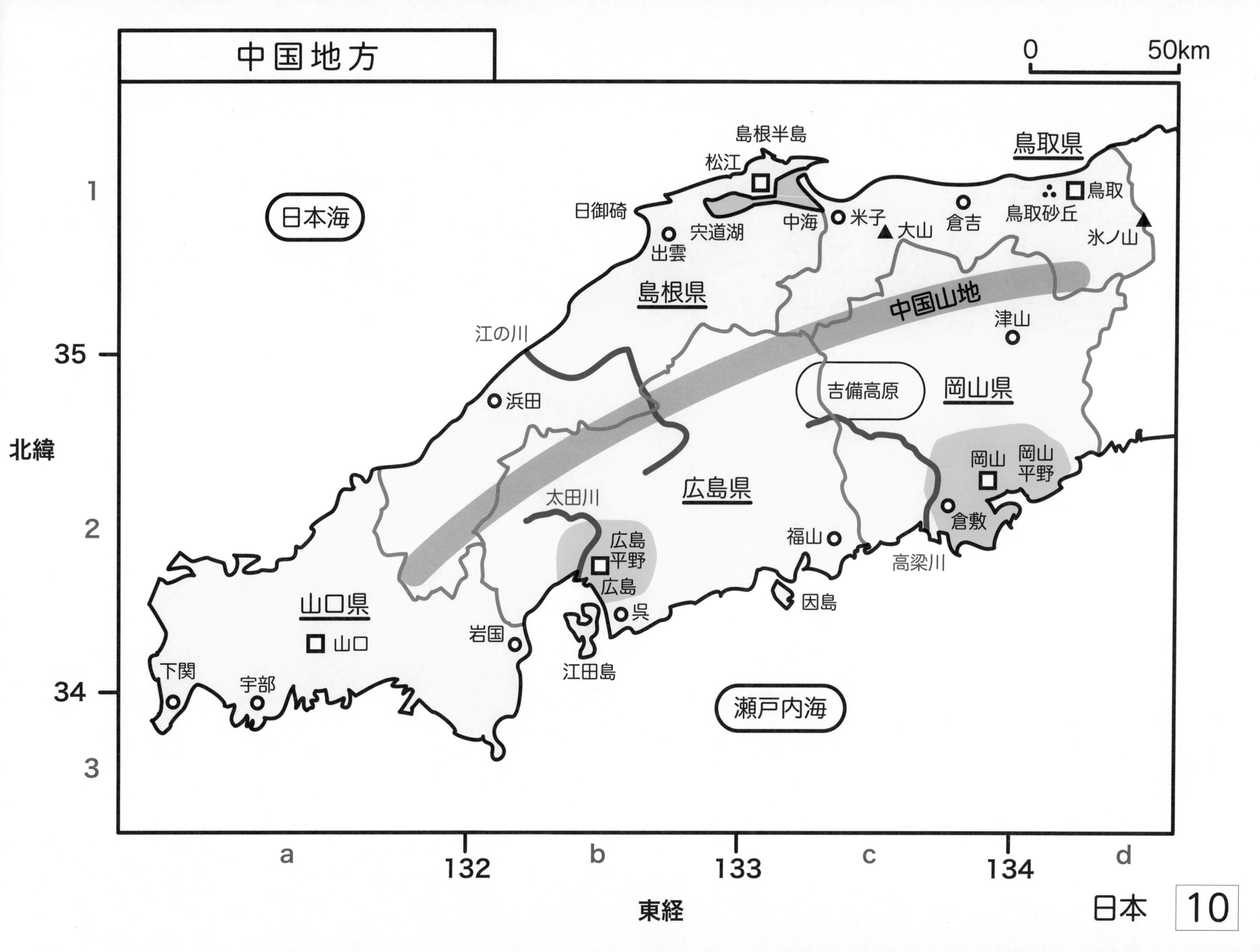
中国地方
0
50km
日本海
島根半島
松江
日御碕
宍道湖
中海
米子
大山
倉吉
鳥取県
鳥取
鳥取砂丘
氷ノ山
出雲
島根県
中国山地
津山
江の川
浜田
吉備高原
岡山県
岡山
岡山平野
倉敷
広島県
太田川
広島平野
広島
福山
高梁川
因島
呉
岩国
江田島
山口県
山口
下関
宇部
瀬戸内海
1
35
北緯
2
34
3
a
132
b
133
c
134
d
東経

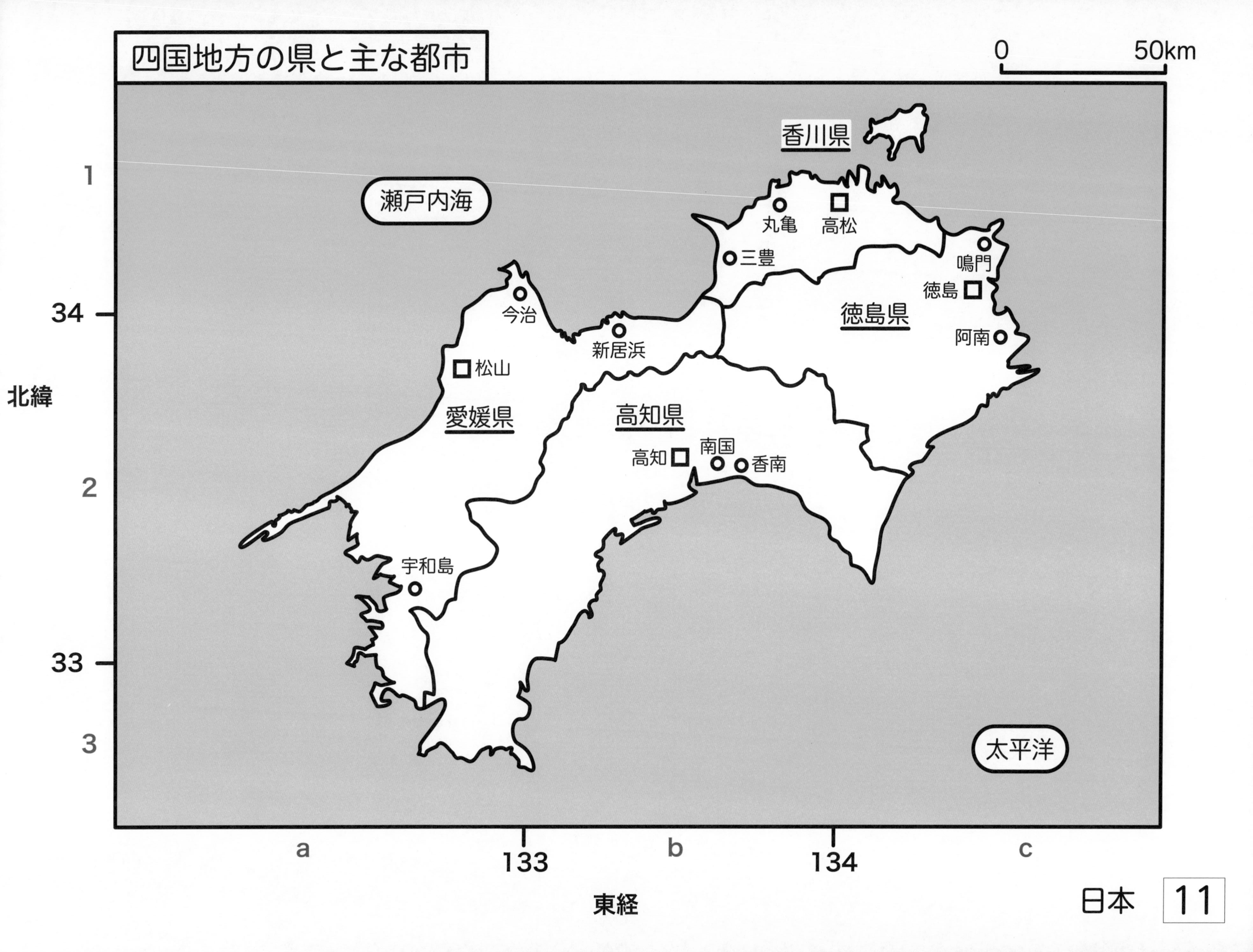
四国地方の県と主な都市
0
50km
香川県
瀬戸内海
丸亀
高松
三豊
鳴門
徳島
徳島県
阿南
今治
新居浜
松山
愛媛県
高知県
高知
南国
香南
宇和島
太平洋
1
34
北緯
2
33
3
a
133
b
134
c
東経
日本
11

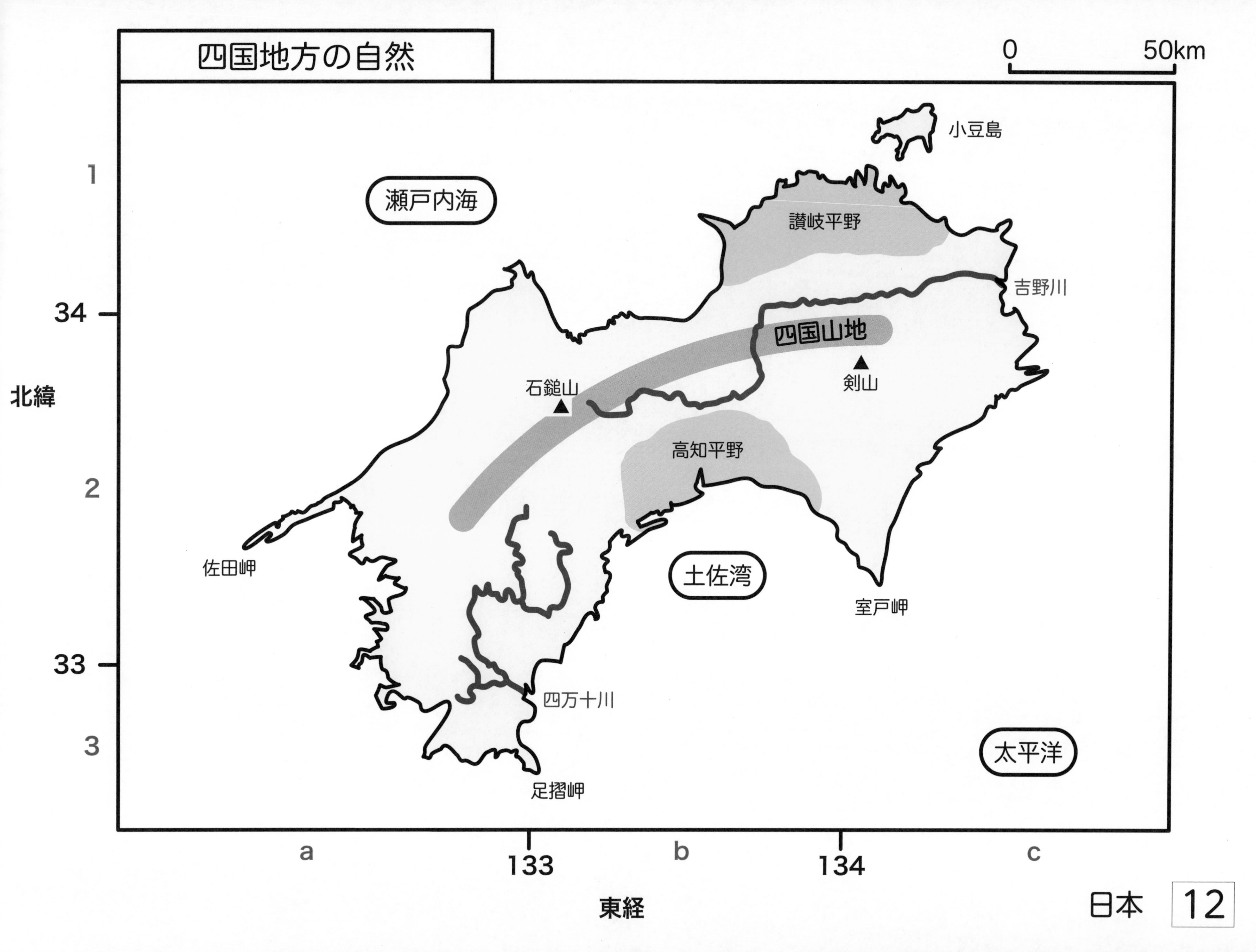
四国地方の自然
0
50km
小豆島
瀬戸内海
讃岐平野
吉野川
四国山地
石鎚山
剣山
高知平野
佐田岬
土佐湾
室戸岬
四万十川
足摺岬
太平洋
1
2
3
34
33
北緯
a
b
c
133
134
東経

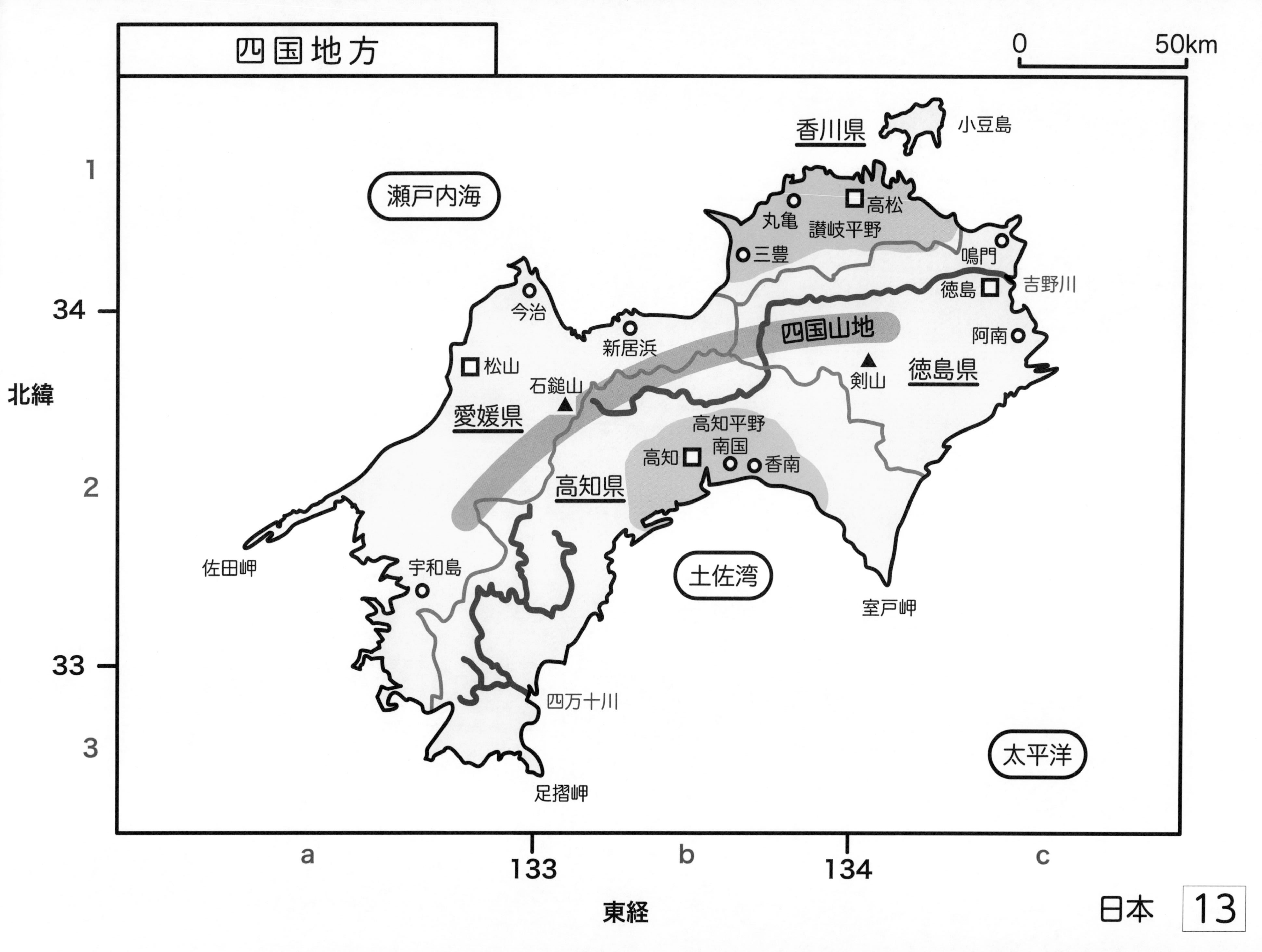
四国地方
0
50km
香川県
小豆島
瀬戸内海
丸亀
高松
讃岐平野
三豊
鳴門
徳島
吉野川
今治
新居浜
四国山地
阿南
松山
石鎚山
剣山
徳島県
愛媛県
高知平野
南国
高知
香南
高知県
佐田岬
宇和島
土佐湾
室戸岬
四万十川
太平洋
足摺岬
1
2
3
34
33
北緯
a
b
c
133
134
東経
日本
13

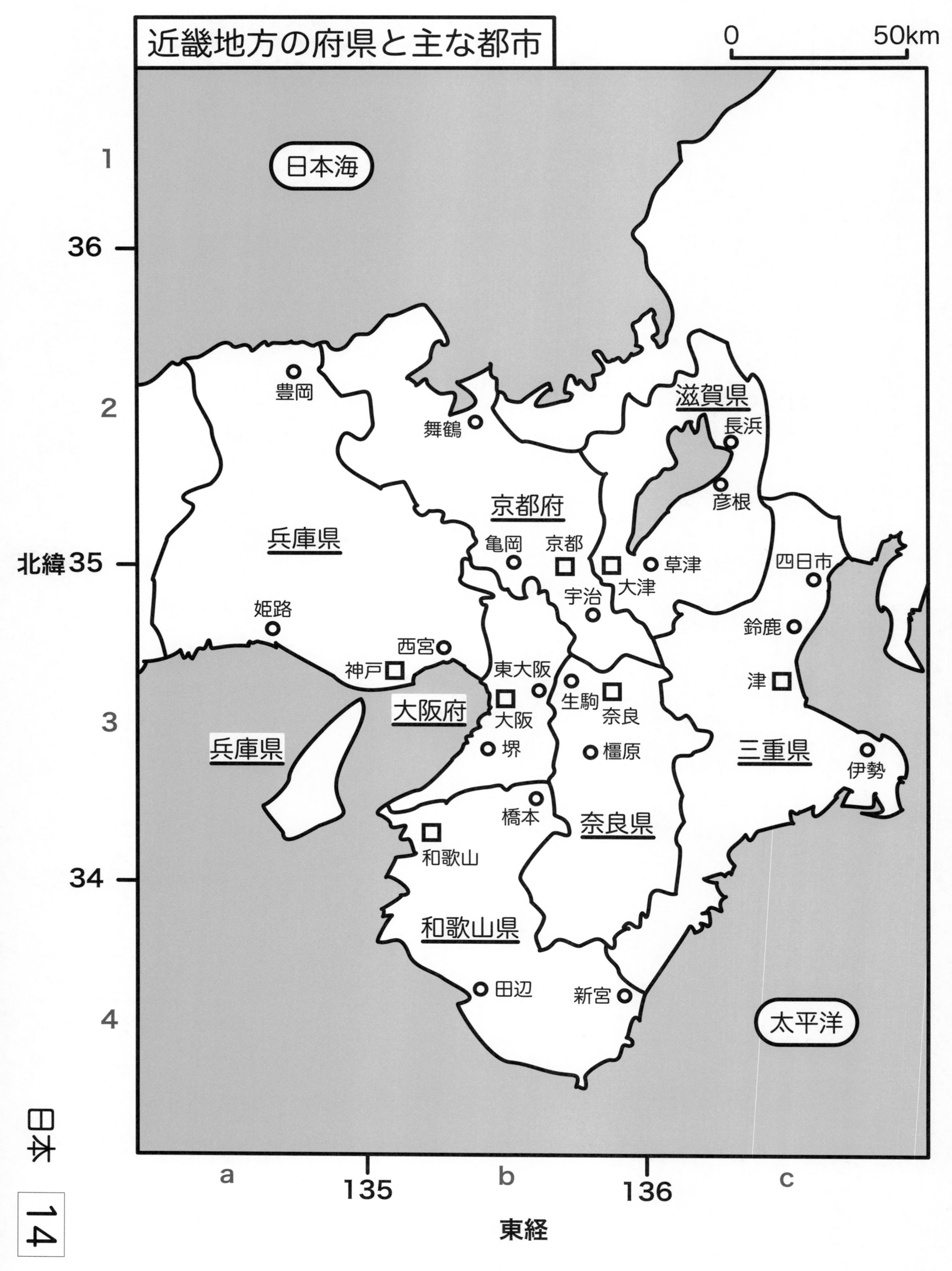
近畿地方の府県と主な都市
0
50km
日本海
太平洋
兵庫県
京都府
滋賀県
大阪府
兵庫県
三重県
奈良県
和歌山県
豊岡
舞鶴
長浜
彦根
亀岡
京都
大津
草津
四日市
宇治
姫路
西宮
神戸
東大阪
大阪
生駒
奈良
鈴鹿
津
堺
橿原
伊勢
橋本
和歌山
田辺
新宮
1
36
2
北緯35
3
34
4
a
135
b
136
c
東経

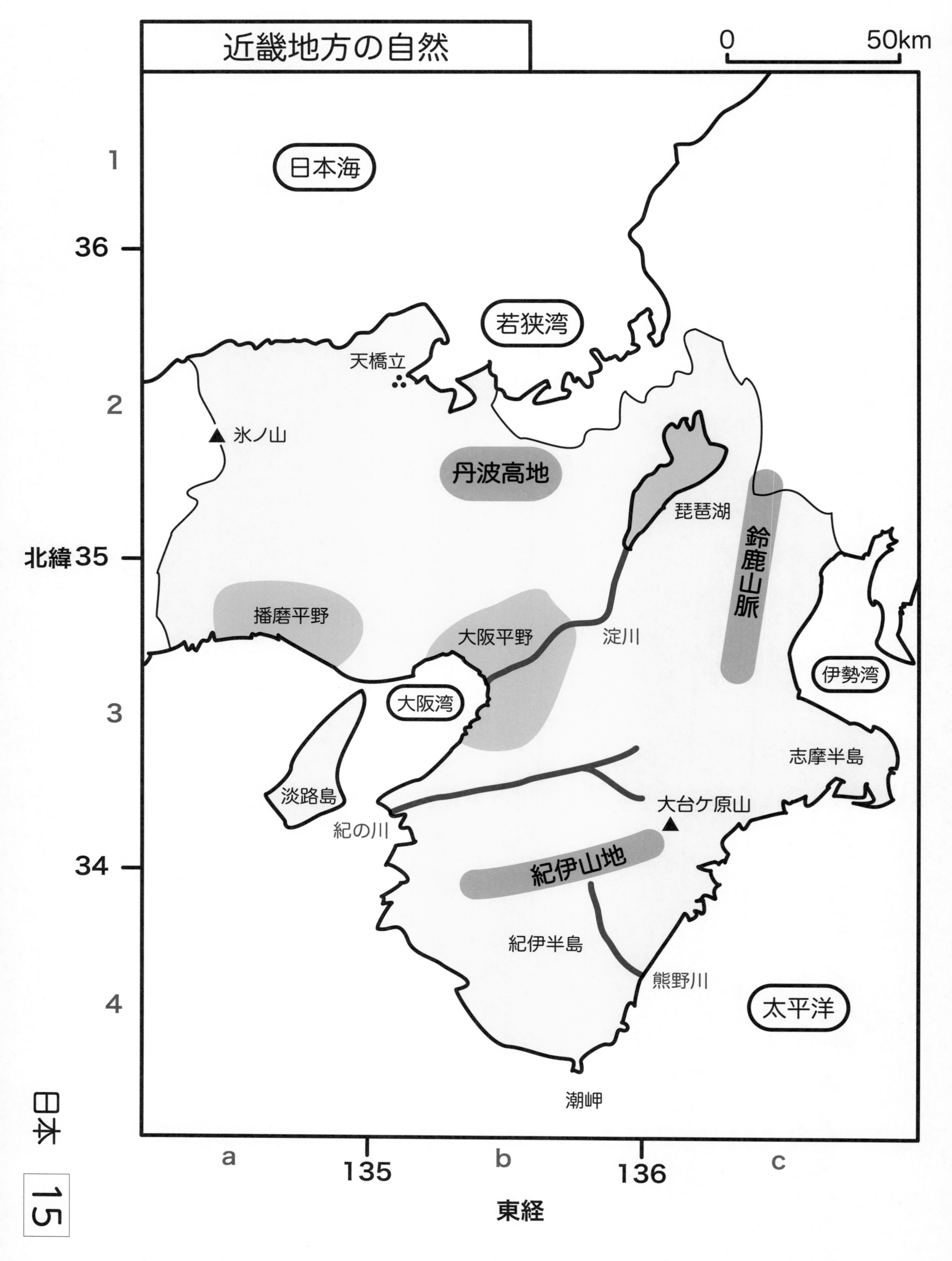

近畿地方の自然
0
50km
日本海
若狭湾
天橋立
氷ノ山
丹波高地
琵琶湖
鈴鹿山脈
播磨平野
大阪平野
淀川
伊勢湾
大阪湾
志摩半島
淡路島
大台ケ原山
紀の川
紀伊山地
紀伊半島
熊野川
太平洋
潮岬
1
36
2
北緯35
3
34
4
a
135
b
136
c
東経
日本
15

近畿地方

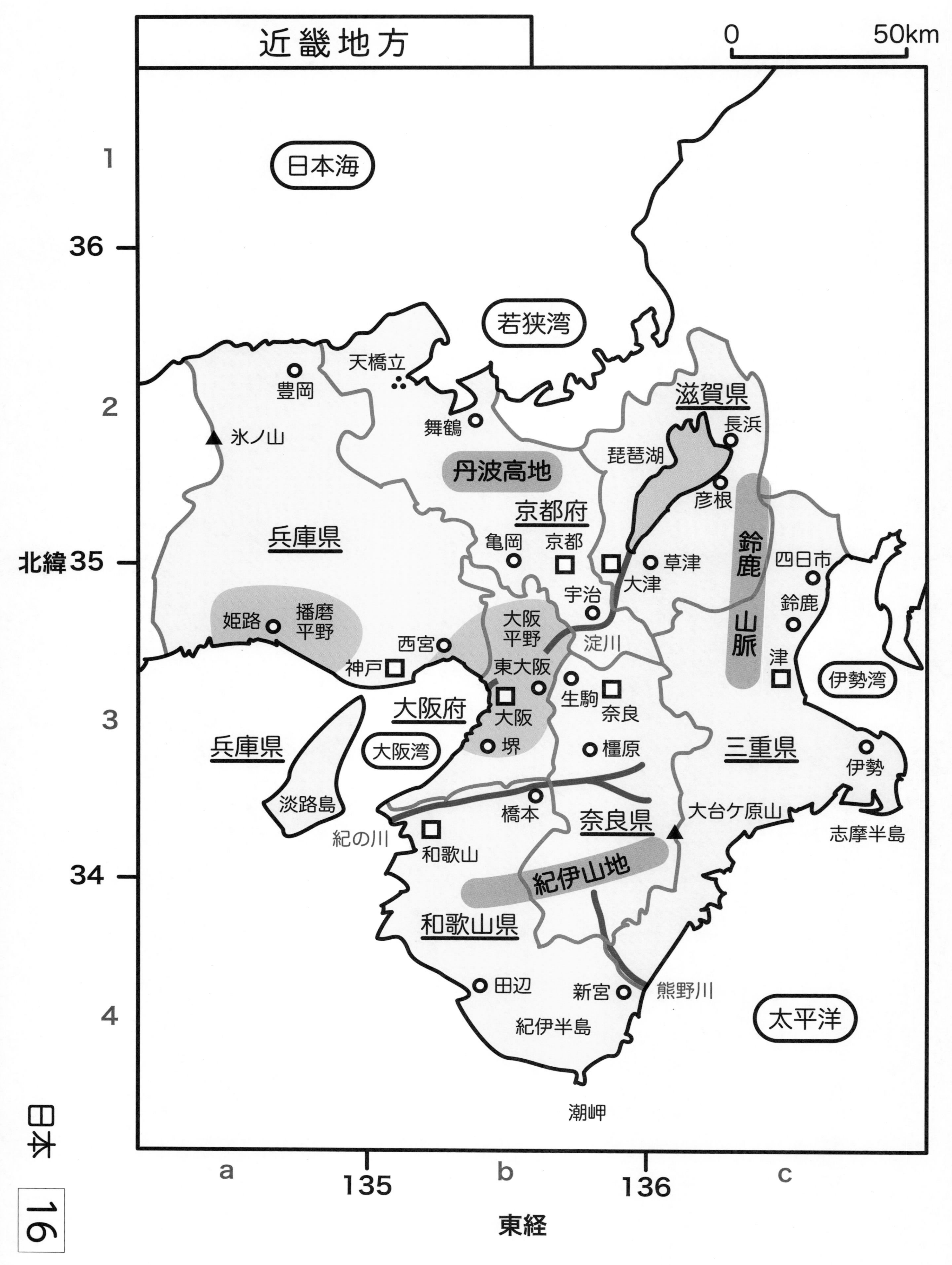

0
50km
1
2
3
4
36
北緯35
34
a
135
b
136
c
東経
日本海
若狭湾
天橋立
豊岡
舞鶴
氷ノ山
丹波高地
滋賀県
長浜
琵琶湖
彦根
京都府
兵庫県
亀岡
京都
大津
草津
鈴鹿
山脈
四日市
鈴鹿
津
伊勢湾
宇治
淀川
姫路
播磨
平野
西宮
神戸
大阪
平野
東大阪
大阪府
大阪
生駒
奈良
堺
大阪湾
兵庫県
淡路島
橿原
三重県
伊勢
橋本
奈良県
大台ケ原山
志摩半島
紀の川
和歌山
紀伊山地
和歌山県
田辺
新宮
熊野川
太平洋
紀伊半島
潮岬

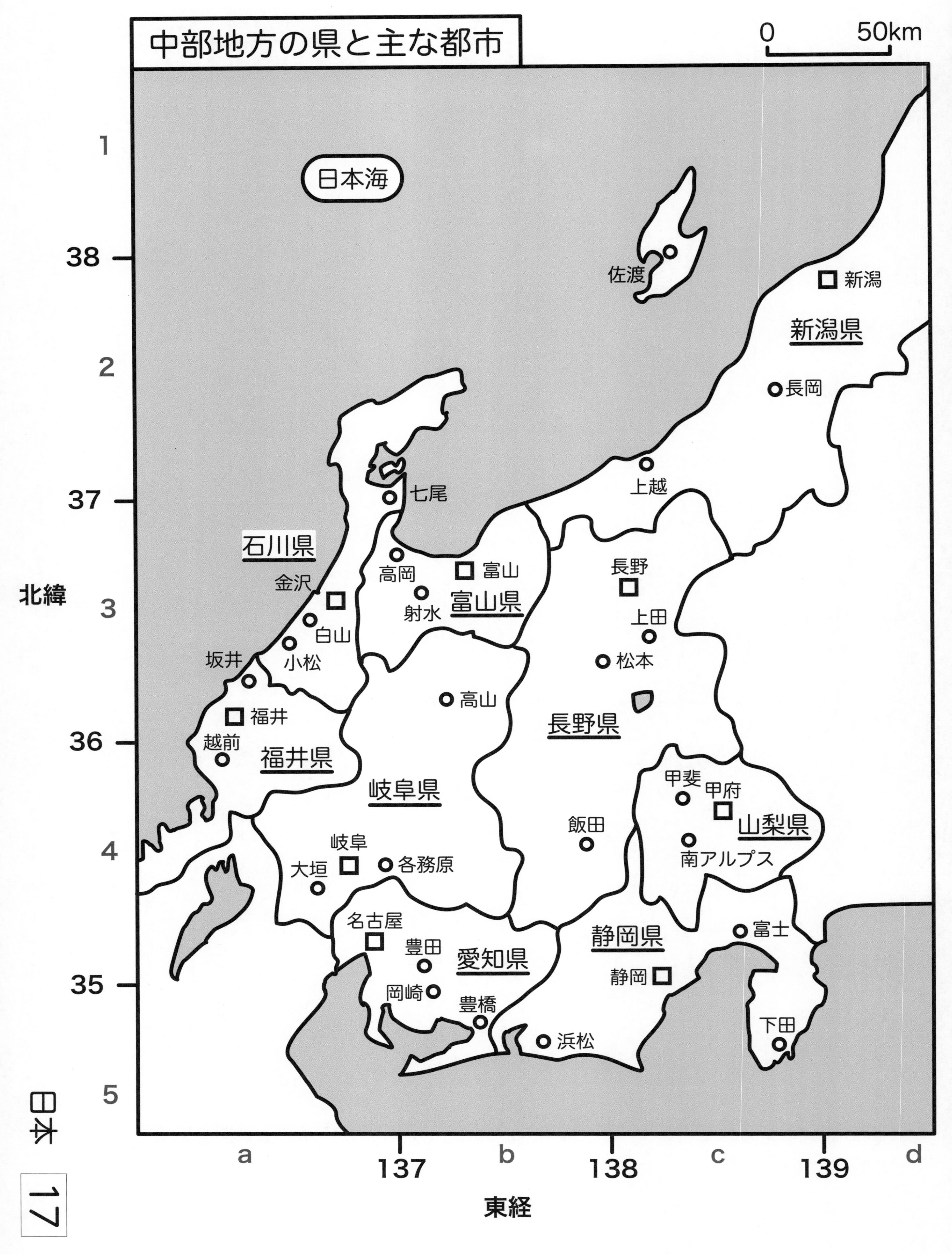

中部地方の県と主な都市
0
50km
日本海
佐渡
新潟
新潟県
長岡
上越
七尾
石川県
金沢
白山
小松
坂井
福井
越前
福井県
高岡
富山
射水
富山県
長野
上田
松本
高山
長野県
岐阜県
甲斐
甲府
山梨県
飯田
南アルプス
岐阜
大垣
各務原
名古屋
豊田
愛知県
岡崎
豊橋
静岡県
静岡
富士
浜松
下田
1
38
2
37
北緯
3
36
4
35
5
a
137
b
138
c
139
d
東経

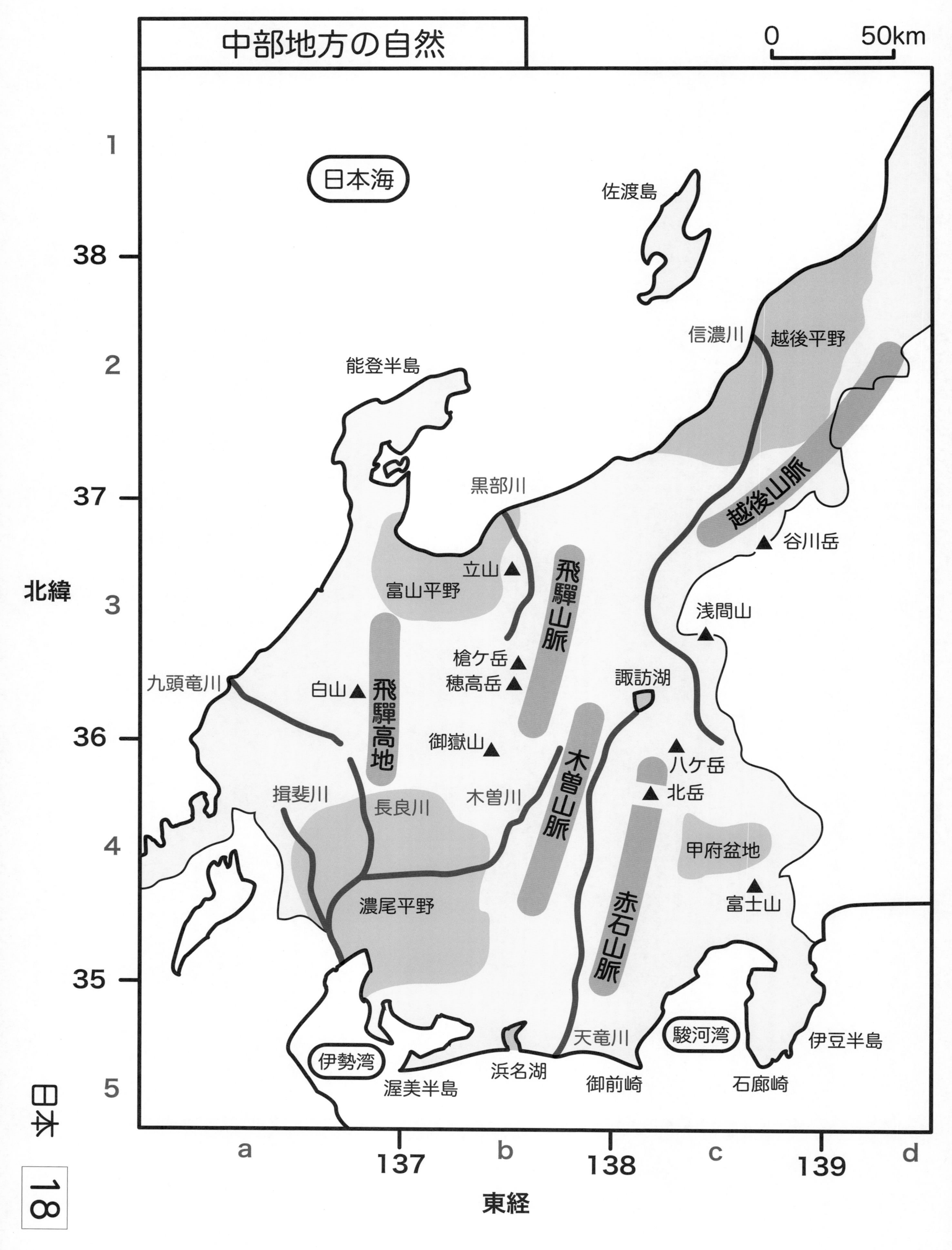

中部地方の自然
0
50km
1
2
3
4
5
38
37
36
35
北緯
a
b
c
d
137
138
139
東経
日本海
佐渡島
信濃川
越後平野
能登半島
越後山脈
谷川岳
黒部川
立山
飛騨山脈
富山平野
浅間山
槍ケ岳
穂高岳
九頭竜川
白山
飛騨高地
諏訪湖
御嶽山
木曽山脈
八ケ岳
北岳
揖斐川
長良川
木曽川
甲府盆地
富士山
濃尾平野
赤石山脈
天竜川
駿河湾
伊豆半島
伊勢湾
浜名湖
御前崎
石廊崎
渥美半島
日本
18

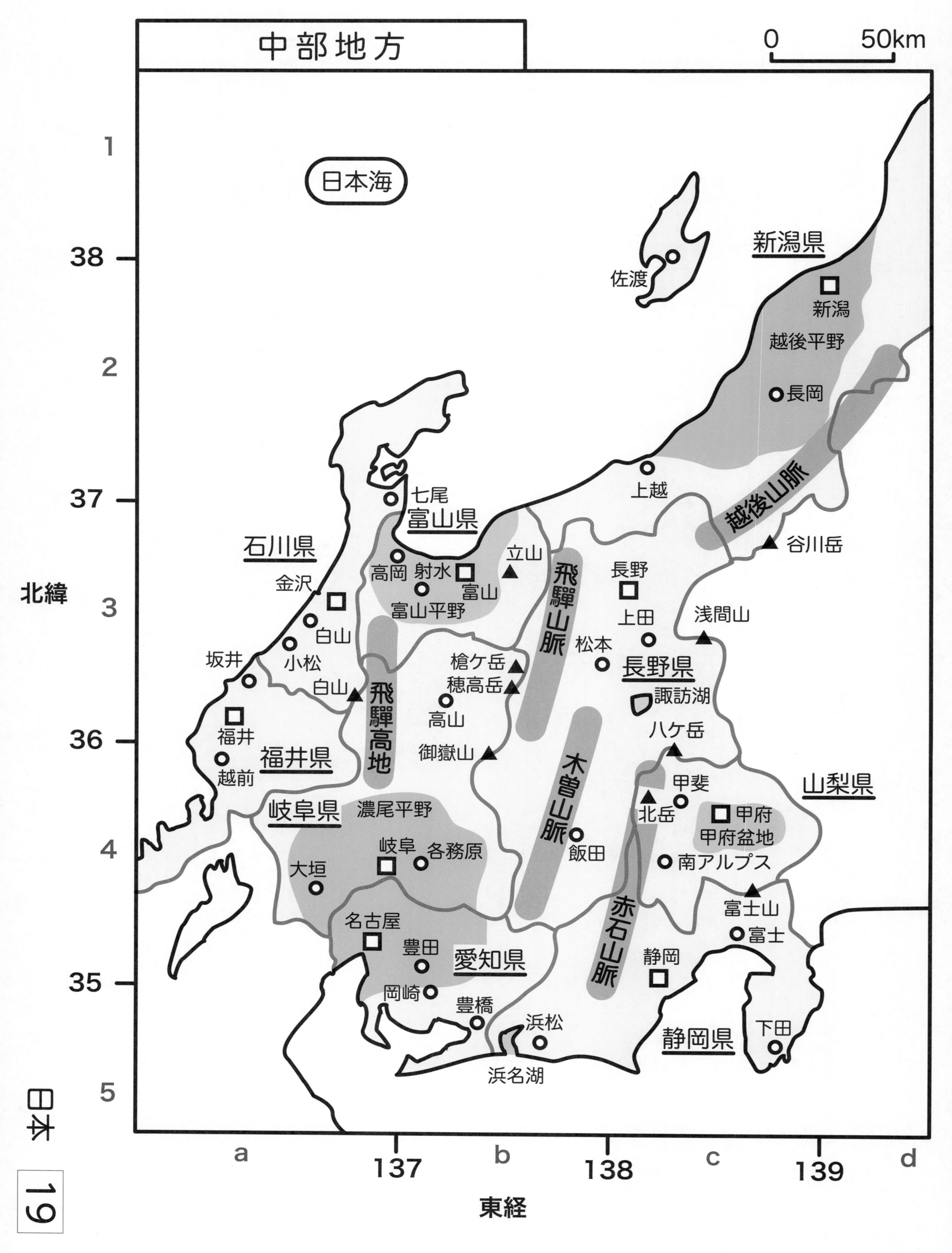
中部地方
0
50km
日本海
新潟県
佐渡
新潟
越後平野
長岡
上越
越後山脈
谷川岳
七尾
富山県
石川県
立山
高岡
射水
富山
金沢
富山平野
白山
小松
坂井
白山
飛騨山脈
長野
上田
浅間山
松本
長野県
槍ケ岳
穂高岳
諏訪湖
高山
飛騨高地
福井
福井県
越前
御嶽山
八ケ岳
木曽山脈
甲斐
山梨県
北岳
甲府
甲府盆地
岐阜県
濃尾平野
岐阜
各務原
大垣
飯田
南アルプス
赤石山脈
富士山
名古屋
富士
豊田
愛知県
静岡
岡崎
豊橋
浜松
静岡県
下田
浜名湖
北緯
東経
1
2
3
4
5
38
37
36
35
a
b
c
d
137
138
139

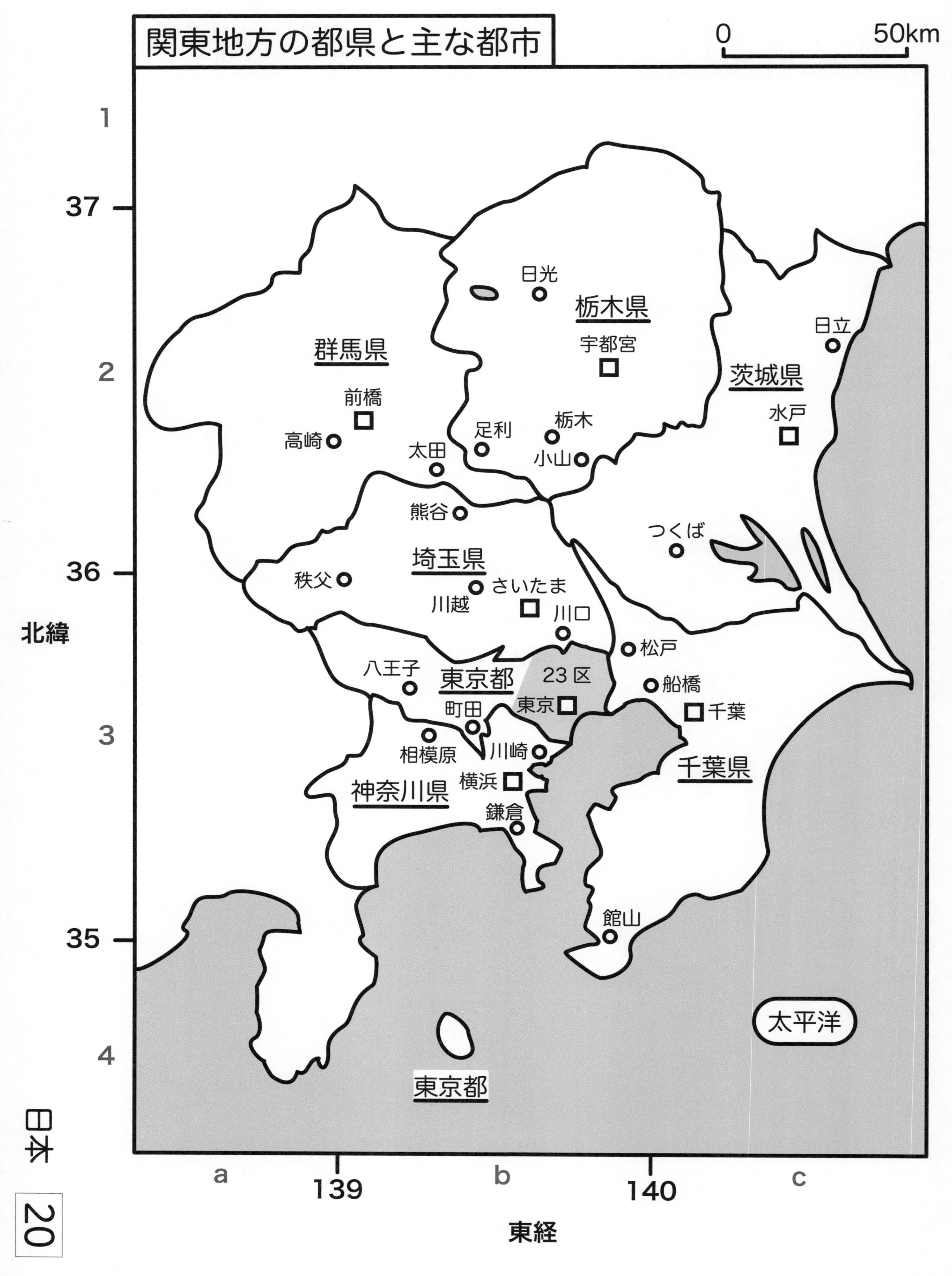
関東地方の都県と主な都市
0
50km
1
37
2
36
北緯
3
35
4
a
139
b
140
c
東経
群馬県
栃木県
茨城県
埼玉県
東京都
神奈川県
千葉県
東京都
太平洋
日光
宇都宮
日立
前橋
高崎
足利
栃木
水戸
太田
小山
熊谷
つくば
秩父
さいたま
川越
川口
松戸
八王子
23 区
船橋
町田
東京
千葉
相模原
川崎
横浜
鎌倉
館山
日本
20

関東地方の自然

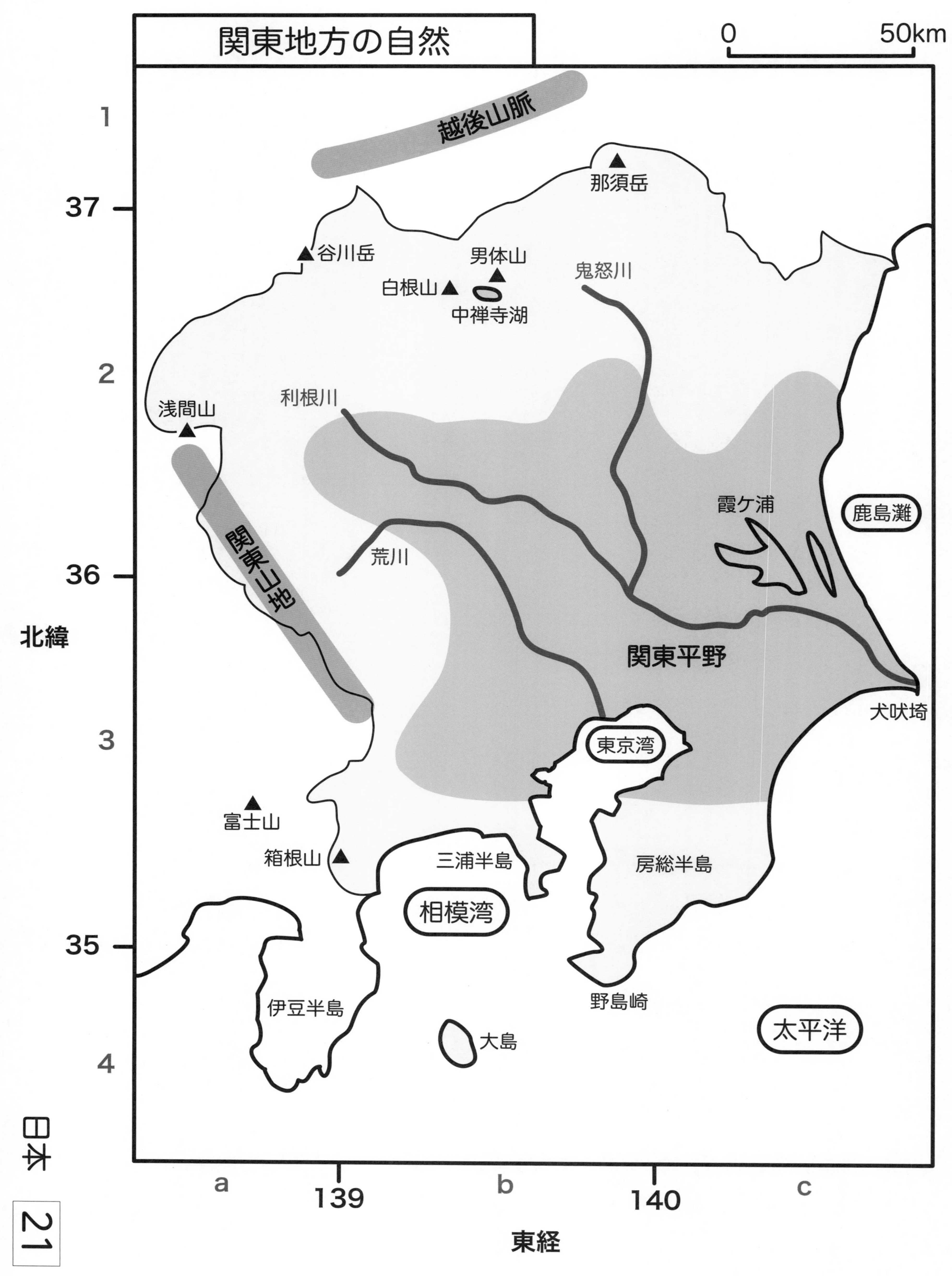

0
50km
1
越後山脈
那須岳
37
谷川岳
男体山
白根山
鬼怒川
中禅寺湖
2
利根川
浅間山
関東山地
霞ケ浦
鹿島灘
36
荒川
北緯
関東平野
犬吠埼
3
東京湾
富士山
箱根山
三浦半島
房総半島
相模湾
35
伊豆半島
野島崎
太平洋
大島
4
a
139
b
140
c
東経

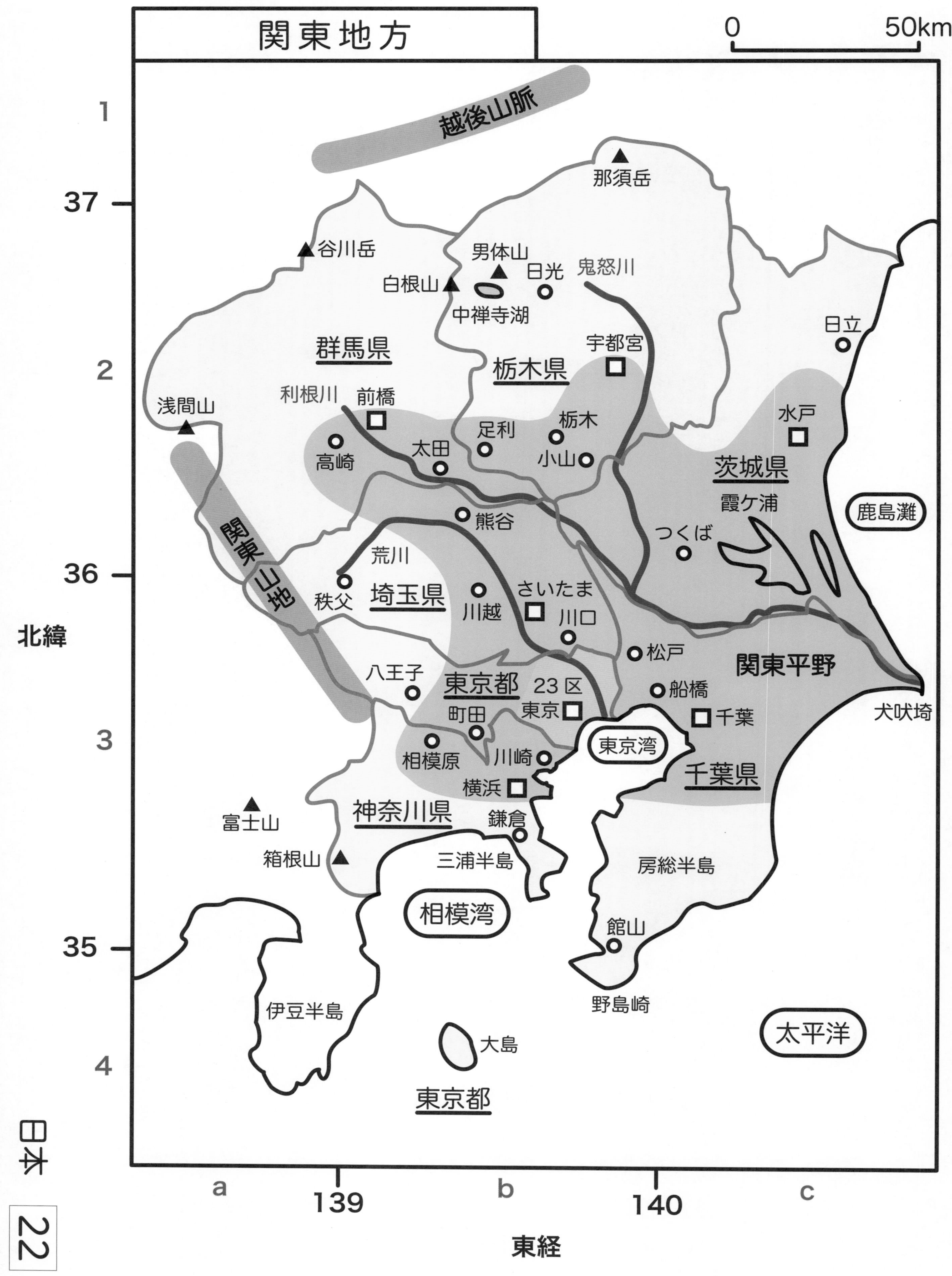
関東地方
0
50km
越後山脈
那須岳
谷川岳
男体山
日光
鬼怒川
白根山
中禅寺湖
日立
群馬県
宇都宮
栃木県
利根川
前橋
浅間山
足利
栃木
高崎
太田
小山
水戸
茨城県
霞ケ浦
鹿島灘
熊谷
関東山地
荒川
つくば
秩父
埼玉県
川越
さいたま
川口
松戸
関東平野
八王子
東京都
23区
船橋
東京
千葉
町田
相模原
川崎
東京湾
犬吠埼
横浜
千葉県
富士山
神奈川県
鎌倉
箱根山
三浦半島
房総半島
相模湾
館山
野島崎
伊豆半島
太平洋
大島
東京都
1
37
2
36
北緯
3
35
4
a
139
b
140
c
東経

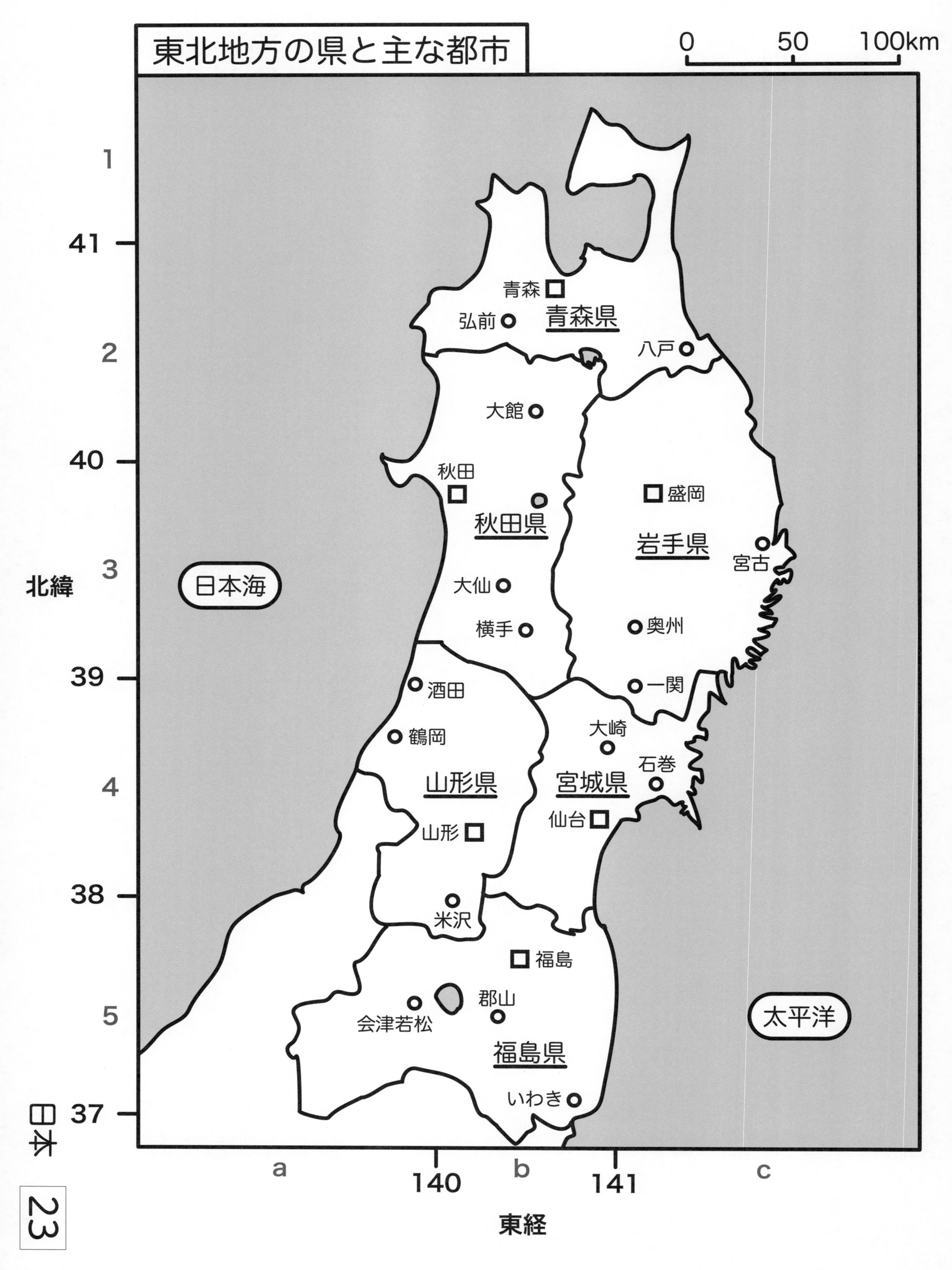
東北地方の県と主な都市
0
50
100km
1
41
2
40
3
北緯
39
4
38
5
37
a
140
b
141
c
東経
日本海
太平洋
青森
青森県
弘前
八戸
大館
秋田
秋田県
盛岡
岩手県
宮古
大仙
横手
奥州
酒田
一関
鶴岡
大崎
石巻
山形県
宮城県
山形
仙台
米沢
福島
郡山
会津若松
福島県
いわき

東北地方の自然

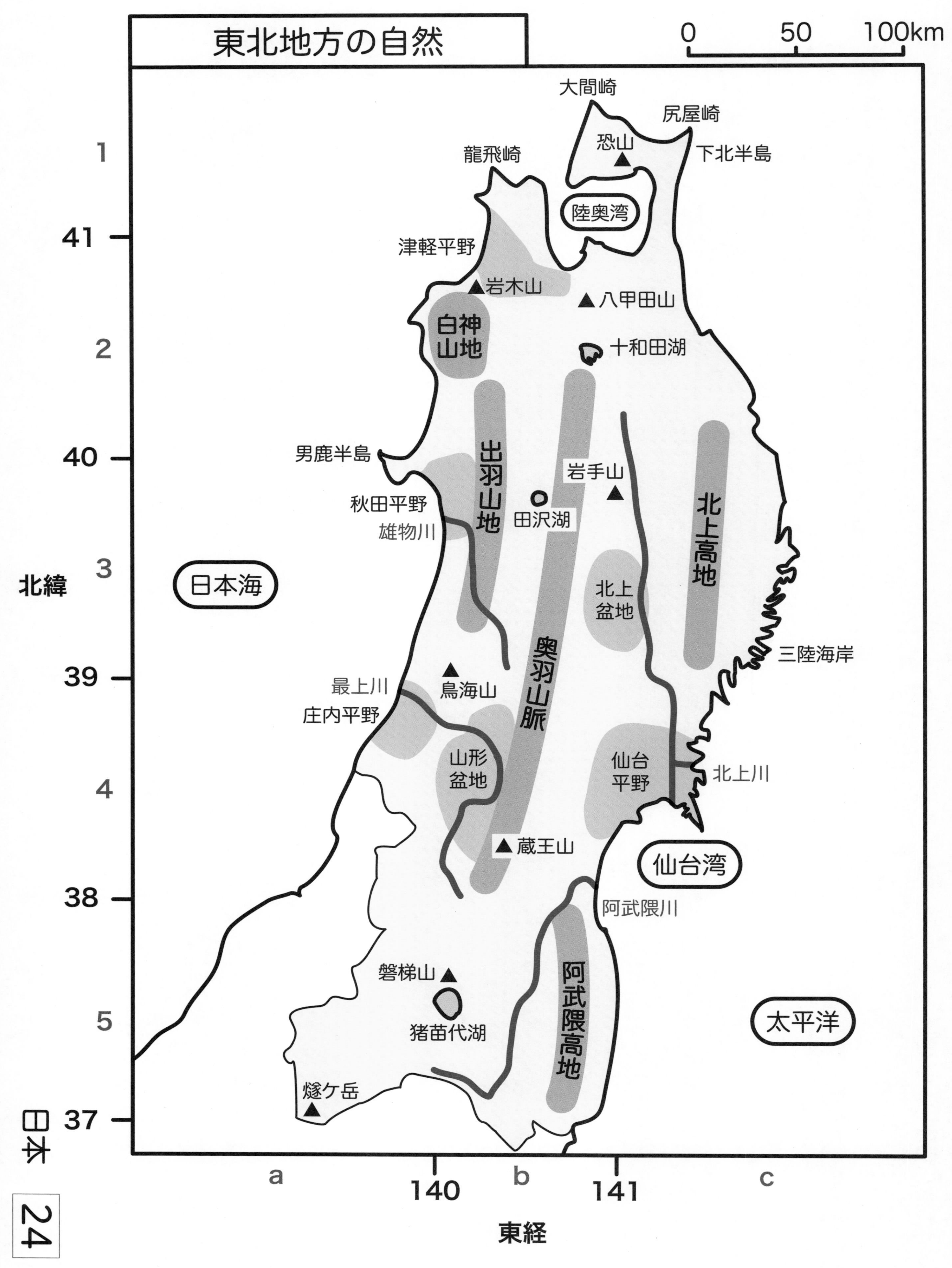
0
50
100km
大間崎
尻屋崎
恐山
下北半島
龍飛崎
陸奥湾
津軽平野
岩木山
八甲田山
白神山地
十和田湖
男鹿半島
出羽山地
岩手山
北上高地
秋田平野
田沢湖
雄物川
日本海
北上盆地
三陸海岸
奥羽山脈
鳥海山
最上川
庄内平野
山形盆地
仙台平野
北上川
蔵王山
仙台湾
阿武隈川
磐梯山
阿武隈高地
猪苗代湖
太平洋
燧ケ岳
41
1
2
40
3
北緯
39
4
38
5
37
a
140
b
141
c
東経

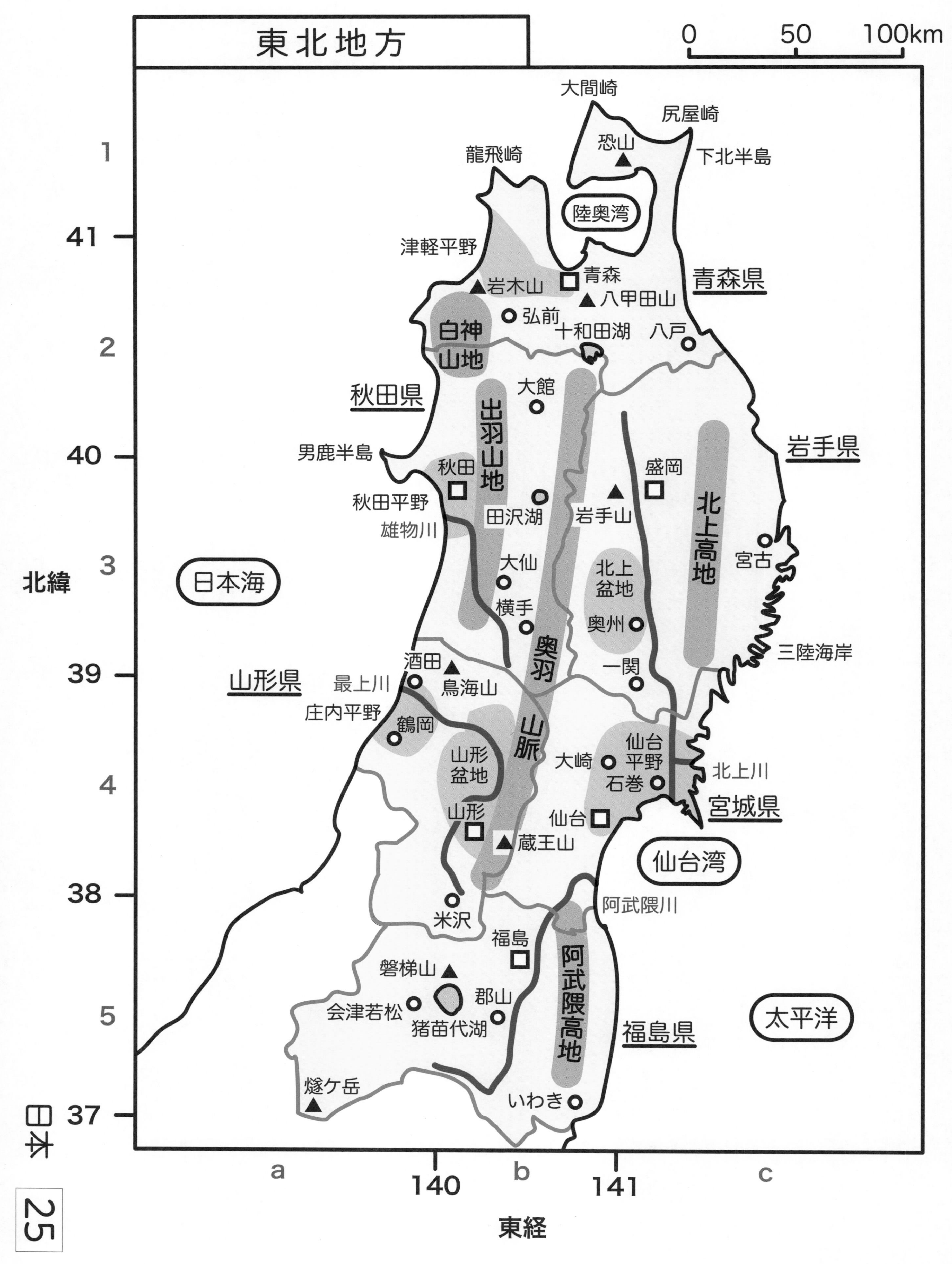

東北地方
0
50
100km
大間崎
尻屋崎
恐山
下北半島
龍飛崎
陸奥湾
津軽平野
青森
岩木山
青森県
八甲田山
弘前
白神山地
十和田湖
八戸
大館
秋田県
出羽山地
岩手県
男鹿半島
秋田
盛岡
北上高地
秋田平野
田沢湖
岩手山
雄物川
宮古
大仙
北上盆地
日本海
横手
奥州
三陸海岸
奥羽山脈
酒田
一関
山形県
最上川
鳥海山
庄内平野
鶴岡
仙台平野
山形盆地
大崎
北上川
石巻
宮城県
山形
仙台
蔵王山
仙台湾
米沢
阿武隈川
福島
磐梯山
阿武隈高地
郡山
会津若松
太平洋
猪苗代湖
福島県
燧ケ岳
いわき
北緯
1
41
2
40
3
39
4
38
5
37
a
140
b
141
c
東経
日本

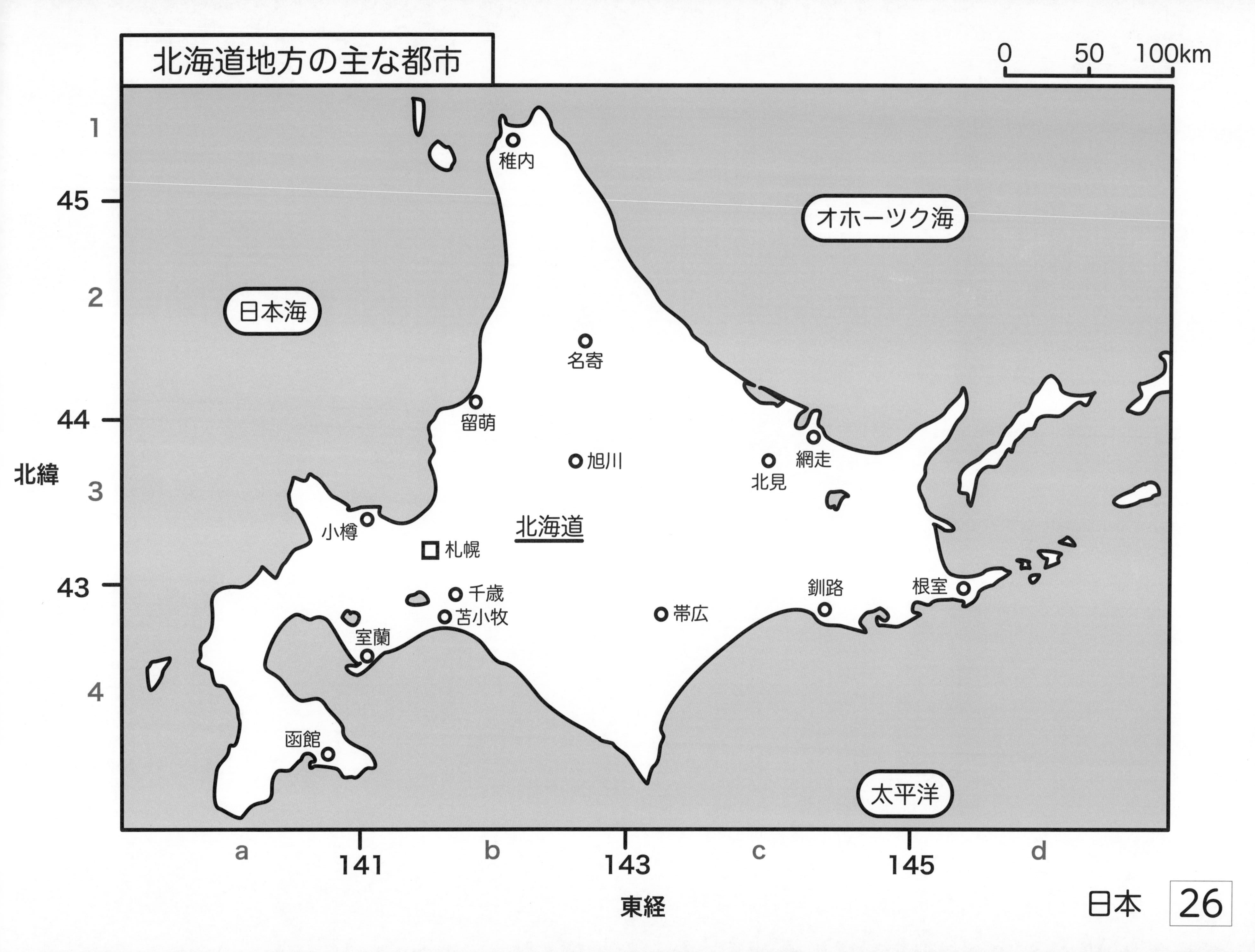
北海道地方の主な都市
0
50
100km
1
2
3
4
45
44
43
北緯
日本海
オホーツク海
太平洋
北海道
稚内
名寄
留萌
旭川
網走
北見
小樽
札幌
千歳
苫小牧
室蘭
函館
帯広
釧路
根室
a
b
c
d
141
143
145
東経

北海道地方の自然

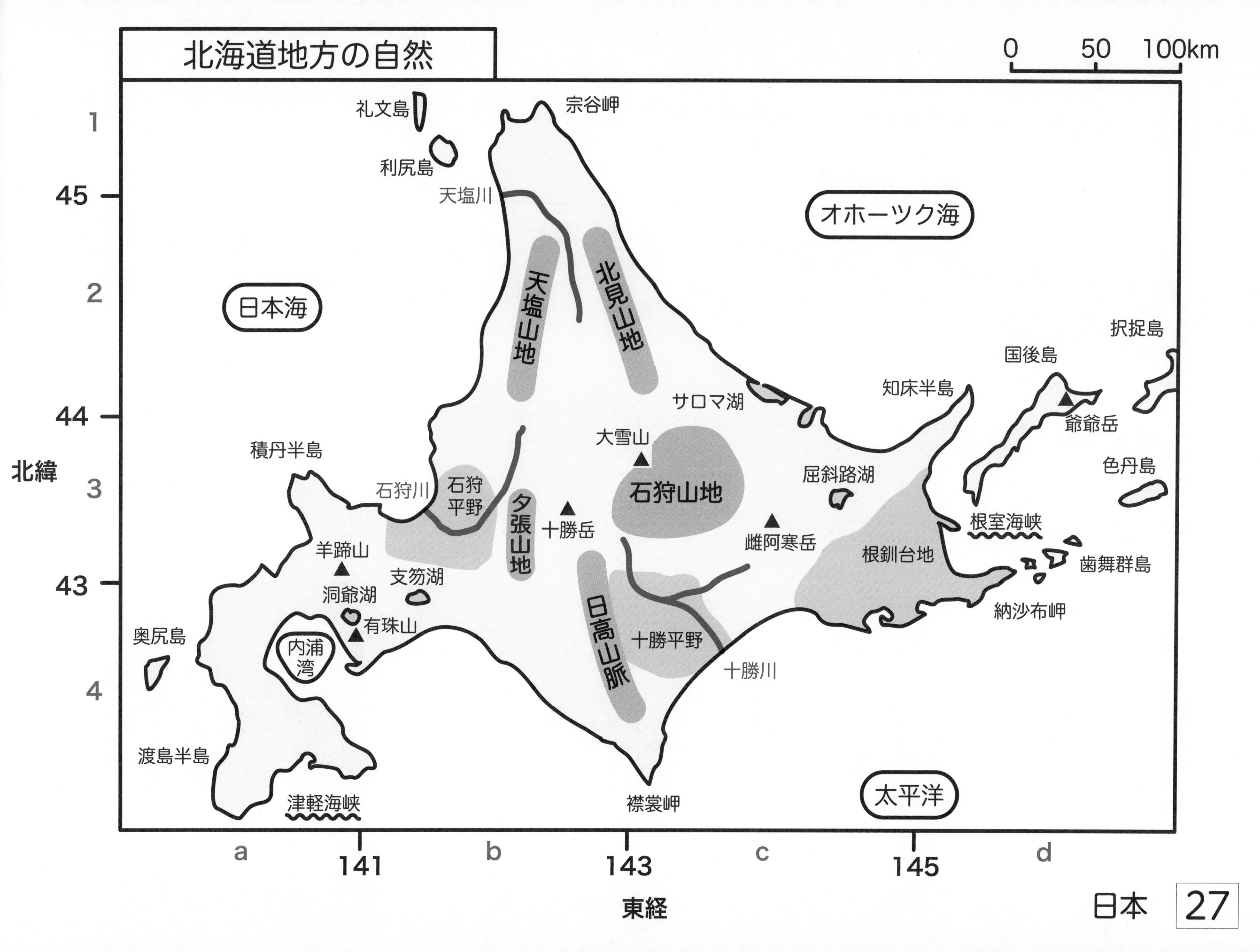
0 50 100km
礼文島
利尻島
宗谷岬
天塩川
オホーツク海
日本海
天塩山地
北見山地
積丹半島
石狩川
石狩平野
夕張山地
十勝岳
大雪山
石狩山地
サロマ湖
知床半島
国後島
択捉島
爺爺岳
色丹島
屈斜路湖
雌阿寒岳
根釧台地
根室海峡
歯舞群島
納沙布岬
羊蹄山
支笏湖
洞爺湖
有珠山
内浦湾
奥尻島
渡島半島
津軽海峡
日高山脈
十勝平野
十勝川
襟裳岬
太平洋
45
44
43
1
2
3
4
北緯
a
b
c
d
141
143
145
東経

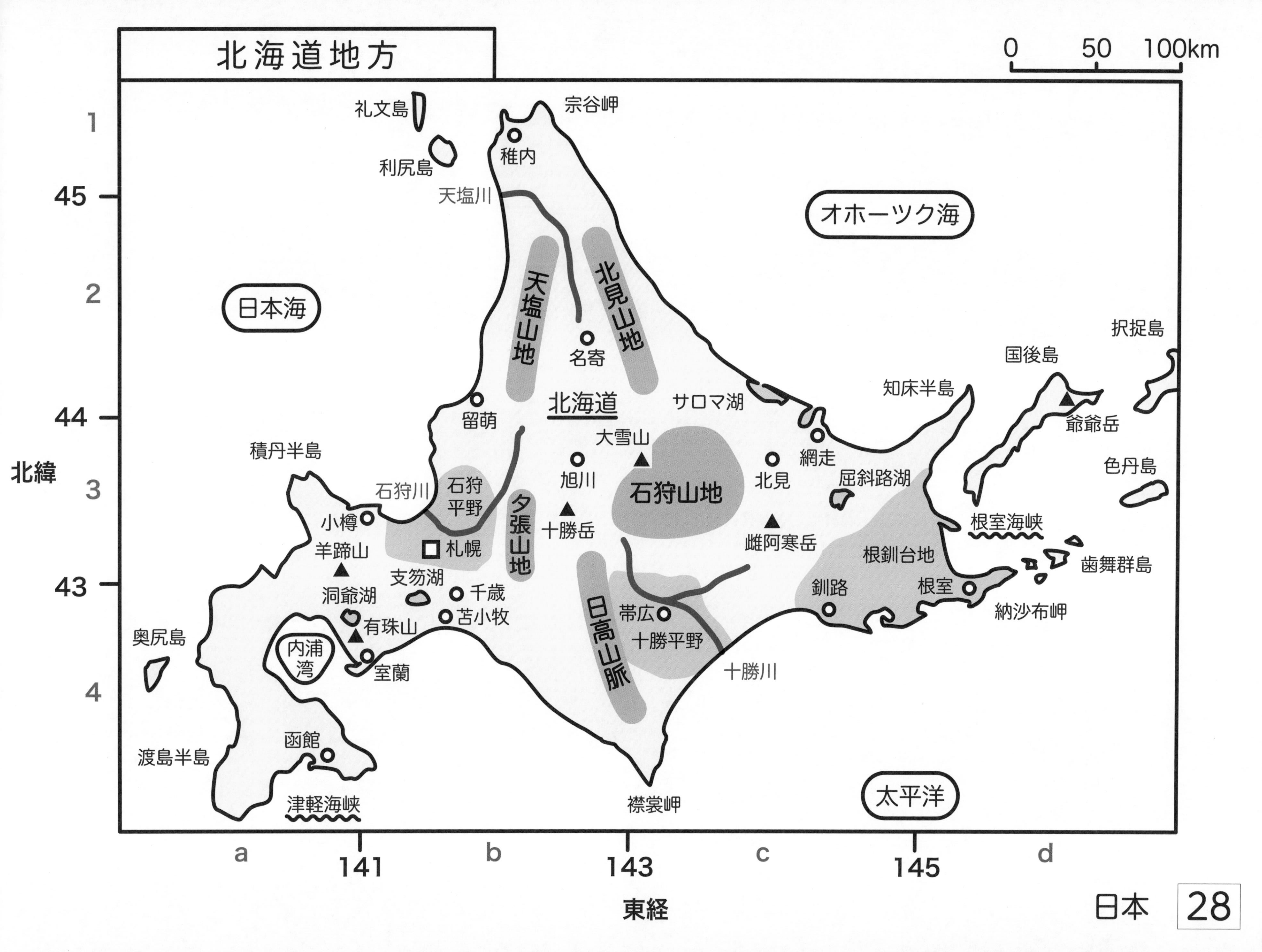
北海道地方
0
50
100km
礼文島
宗谷岬
稚内
利尻島
天塩川
オホーツク海
天塩山地
北見山地
日本海
名寄
択捉島
国後島
知床半島
北海道
サロマ湖
留萌
爺爺岳
大雪山
網走
積丹半島
旭川
北見
色丹島
屈斜路湖
石狩川
石狩平野
夕張山地
石狩山地
小樽
十勝岳
雌阿寒岳
根室海峡
札幌
羊蹄山
根釧台地
歯舞群島
支笏湖
釧路
根室
洞爺湖
千歳
苫小牧
帯広
日高山脈
有珠山
納沙布岬
奥尻島
内浦湾
十勝平野
室蘭
十勝川
函館
渡島半島
津軽海峡
襟裳岬
太平洋
1
2
3
4
45
44
43
北緯
a
b
c
d
141
143
145
東経

みんなの地図帳 ～見やすい・使いやすい～　もくじ　世界

1 ……世界全図　6大陸と3大洋
2 ……世界の州と緯線・経線
3 ……アジア5区分図
4 ……東アジア　国・首都・都市
5 ……東アジア　自然
6 ……朝鮮半島　国・首都・都市・自然
7 ……東南アジア　国・首都
8 ……東南アジア　自然
9 ……南アジア　国・首都・都市
10 ……南アジア　自然
11 ……西アジア・中央アジア　国・首都・都市
12 ……西アジア・中央アジア　自然
13 ……西アジア拡大　国・首都・都市
14 ……西アジア拡大　自然
15 ……中央アジア拡大　国・首都・都市
16 ……中央アジア拡大　自然
17 ……アフリカ　国・首都
18 ……アフリカ　自然
19 ……アフリカ西部　国・首都
20 ……アフリカ中南部　国・首都
21 ……ヨーロッパの位置
22 ……西部ヨーロッパ　国・首都
23 ……西部ヨーロッパ　自然
24 ……西部ヨーロッパ中央部　国・首都・都市
25 ……西部ヨーロッパ中央部　自然
26 ……イギリス・アイルランド　国・首都・都市
27 ……イギリス・アイルランド　自然
28 ……北部ヨーロッパ　国・首都・都市
29 ……北部ヨーロッパ　自然
30 ……イタリア半島　国・首都・都市・自然
31 ……イベリア半島　国・首都・都市・自然
32 ……東部ヨーロッパ　国・首都
33 ……東部ヨーロッパ　自然
34 ……東部ヨーロッパ中央部　国・首都・都市・自然
35 ……バルカン半島拡大　国・首都・都市・自然
36 ……ロシア連邦　国・首都・都市
37 ……ロシア連邦　自然
38 ……北アメリカ　国・首都・都市
39 ……北アメリカ　自然
40 ……アメリカ合衆国・メキシコ　国・首都・都市
41 ……アメリカ合衆国・メキシコ　自然
42 ……中央アメリカ　国・首都・自然
43 ……南アメリカ　国・首都・都市
44 ……南アメリカ　自然
45 ……オセアニア　国・首都・都市
46 ……オセアニア　自然
47 ……環太平洋地域の自然と島々

世界全図　6大陸と3大洋

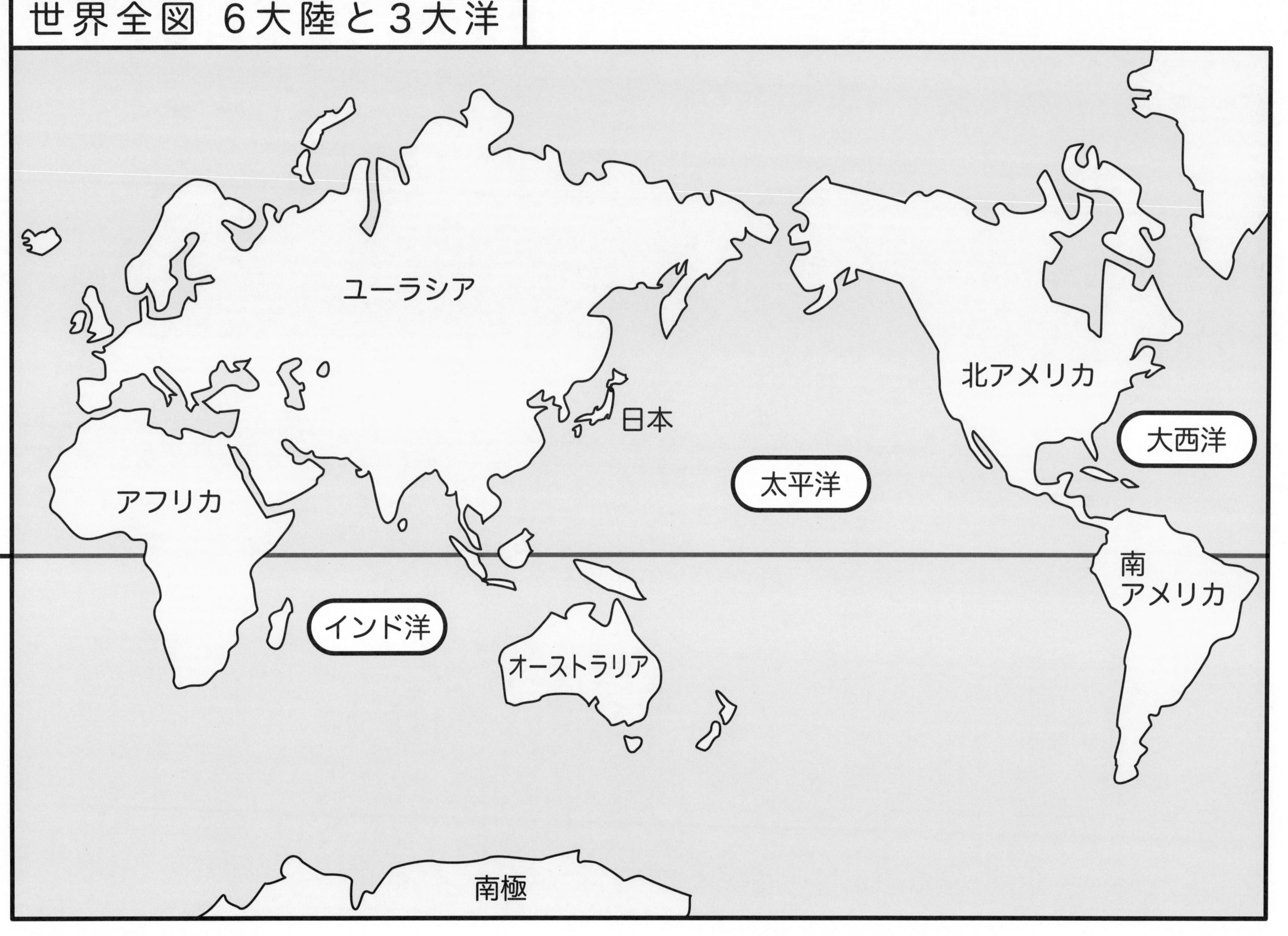

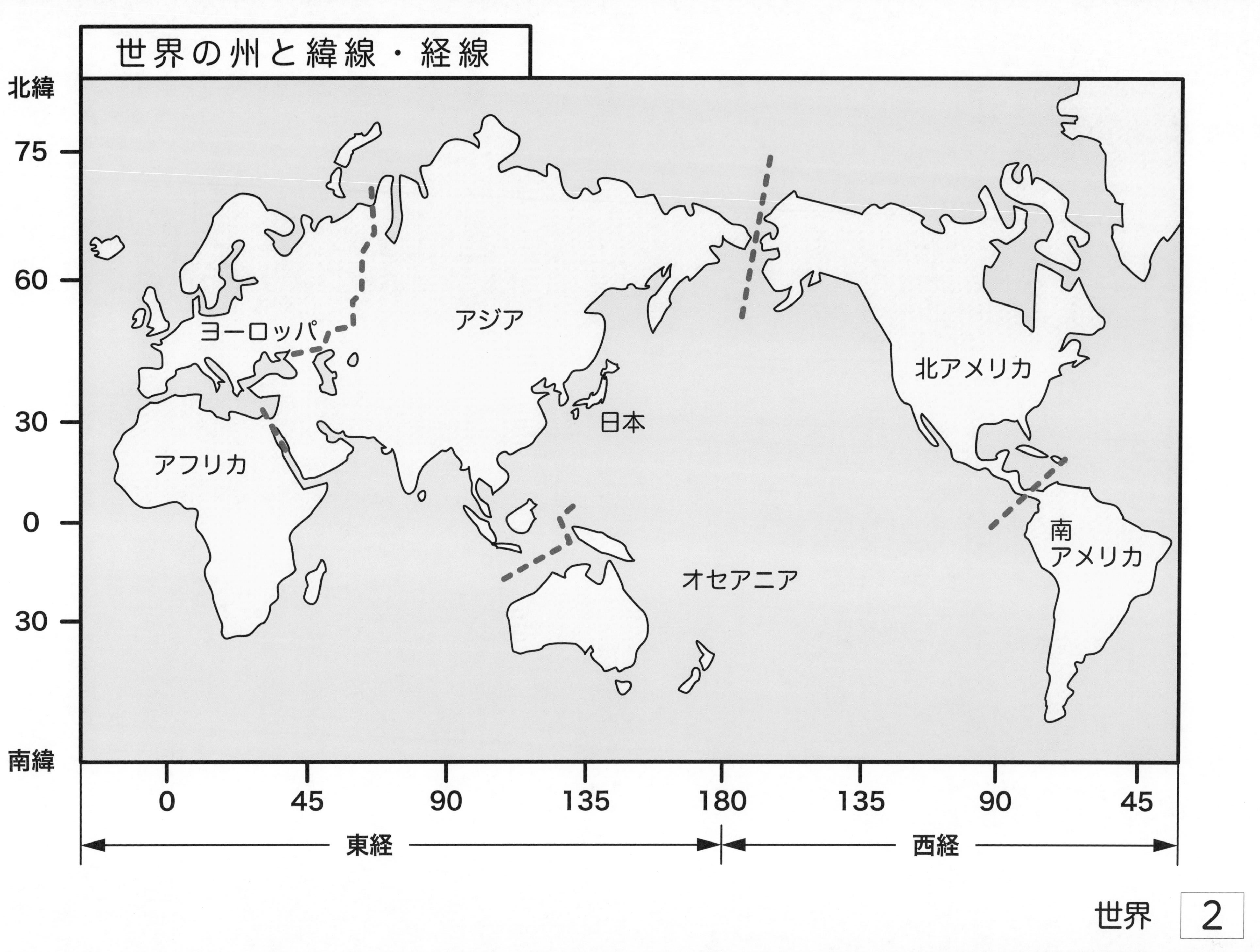
世界の州と緯線・経線
北緯
75
60
30
0
30
南緯
ヨーロッパ
アジア
アフリカ
日本
オセアニア
北アメリカ
南
アメリカ
0
45
90
135
180
135
90
45
東経
西経
世界
2

アジア５区分図

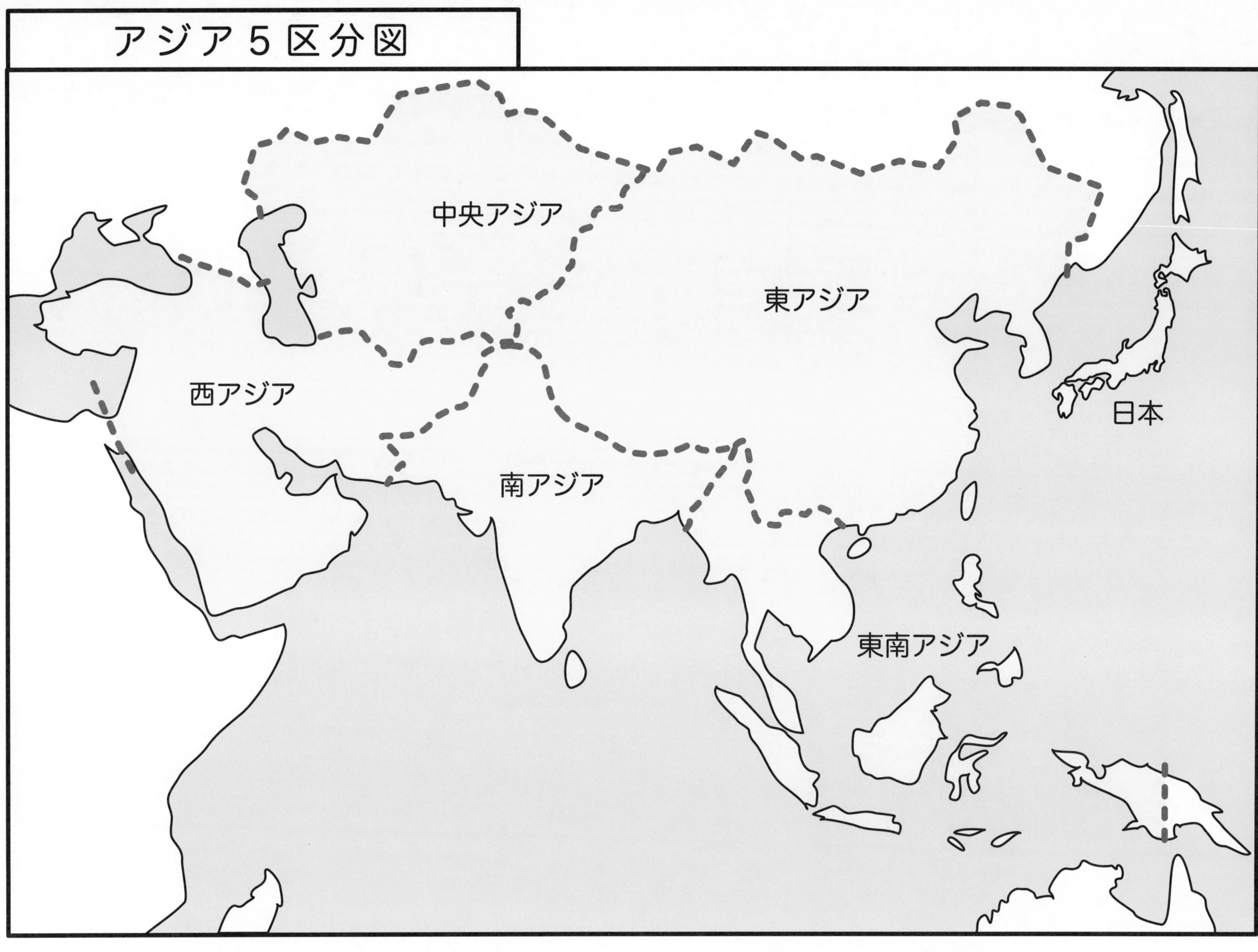

東アジア 国・首都・都市

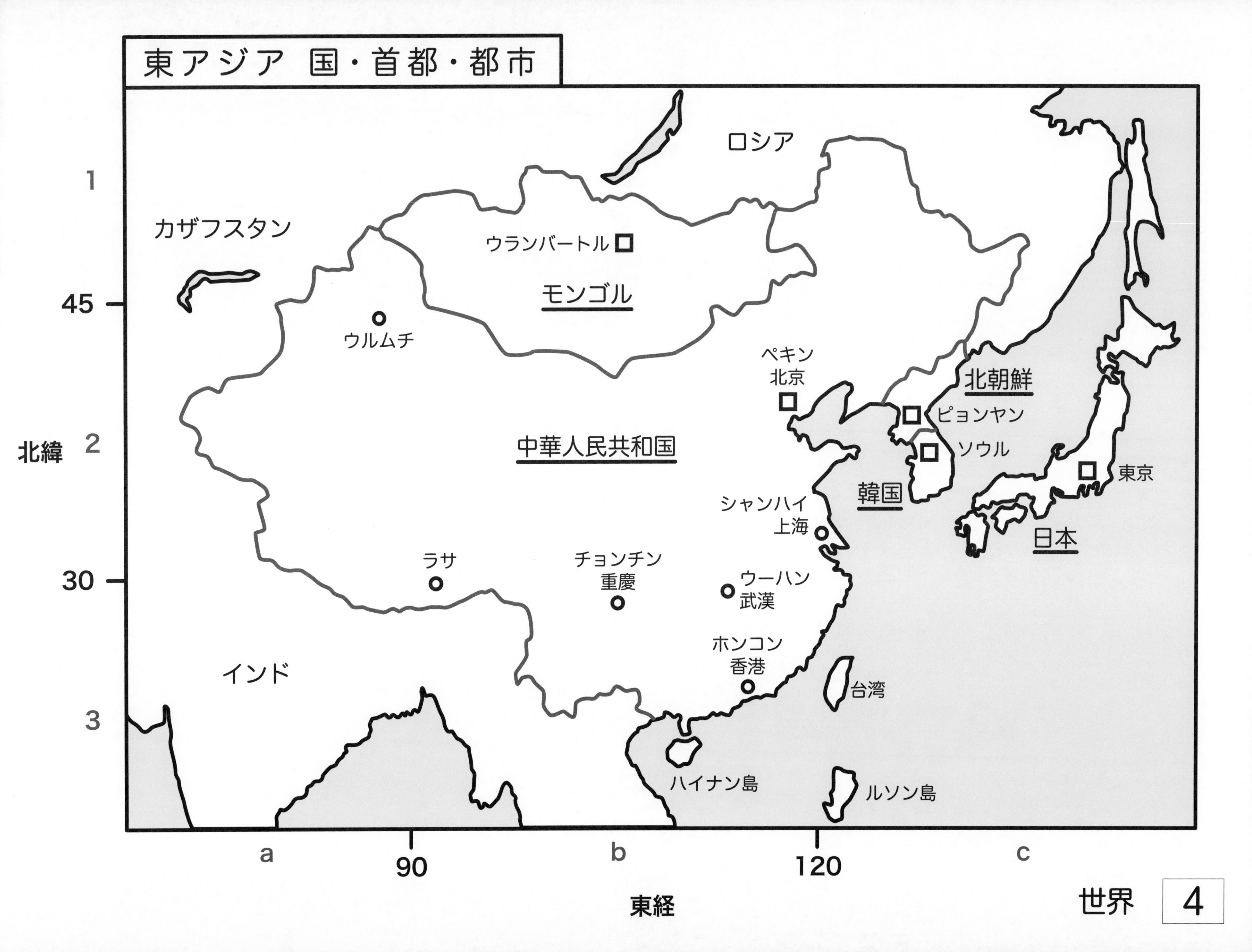

ロシア
カザフスタン
ウランバートル
モンゴル
ウルムチ
ペキン
北京
北朝鮮
ピョンヤン
ソウル
韓国
東京
日本
中華人民共和国
シャンハイ
上海
ラサ
チョンチン
重慶
ウーハン
武漢
ホンコン
香港
台湾
インド
ハイナン島
ルソン島
1
45
北緯
2
30
3
a
90
b
120
c
東経

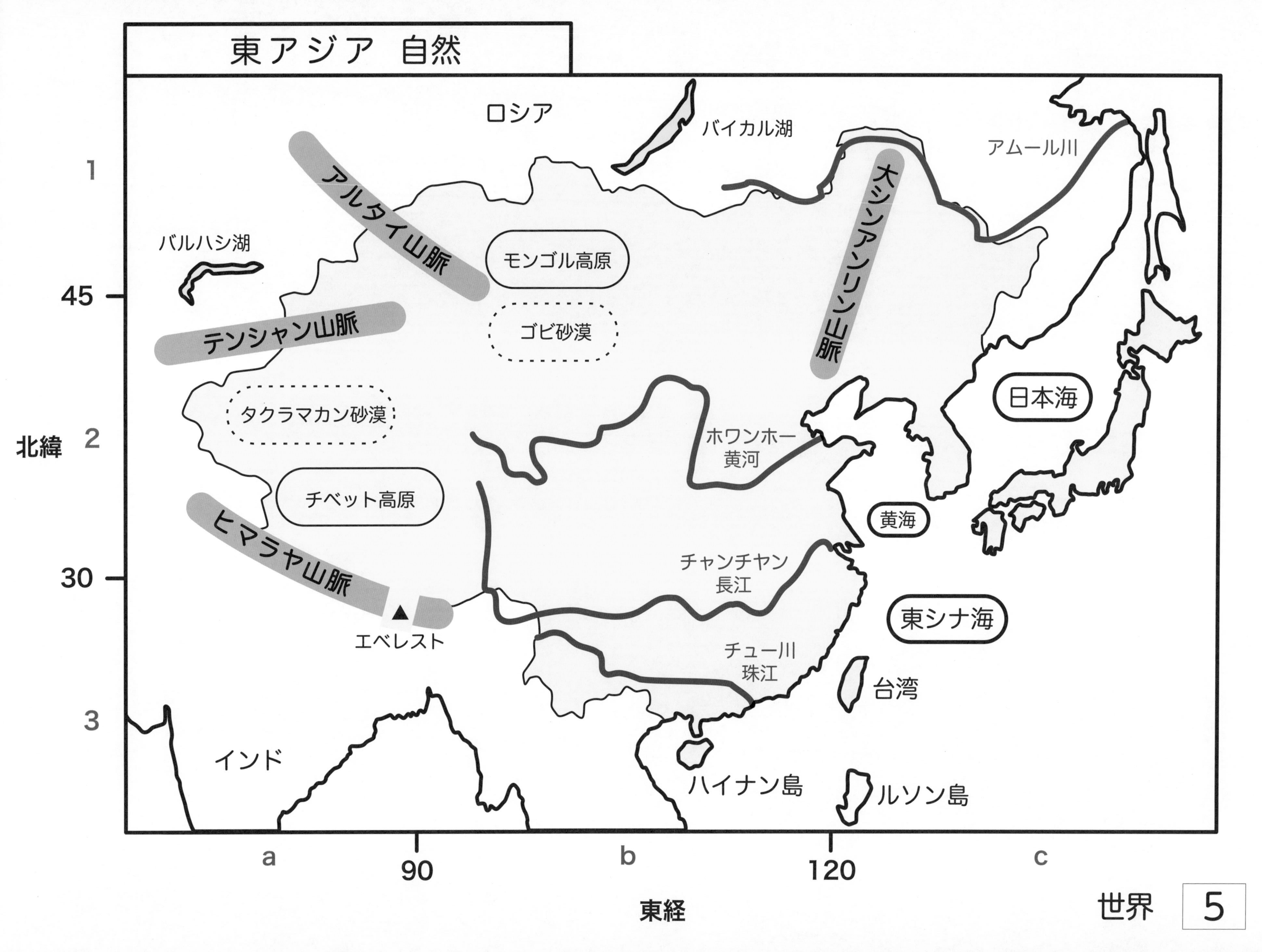
東アジア　自然
ロシア
バイカル湖
アムール川
バルハシ湖
アルタイ山脈
モンゴル高原
大シンアンリン山脈
テンシャン山脈
ゴビ砂漠
タクラマカン砂漠
日本海
ホワンホー
黄河
チベット高原
ヒマラヤ山脈
黄海
チャンチヤン
長江
エベレスト
東シナ海
チュー川
珠江
台湾
インド
ハイナン島
ルソン島
1
45
北緯
2
30
3
a
90
b
120
c
東経
世界
5

朝鮮半島 国・首都・都市・自然

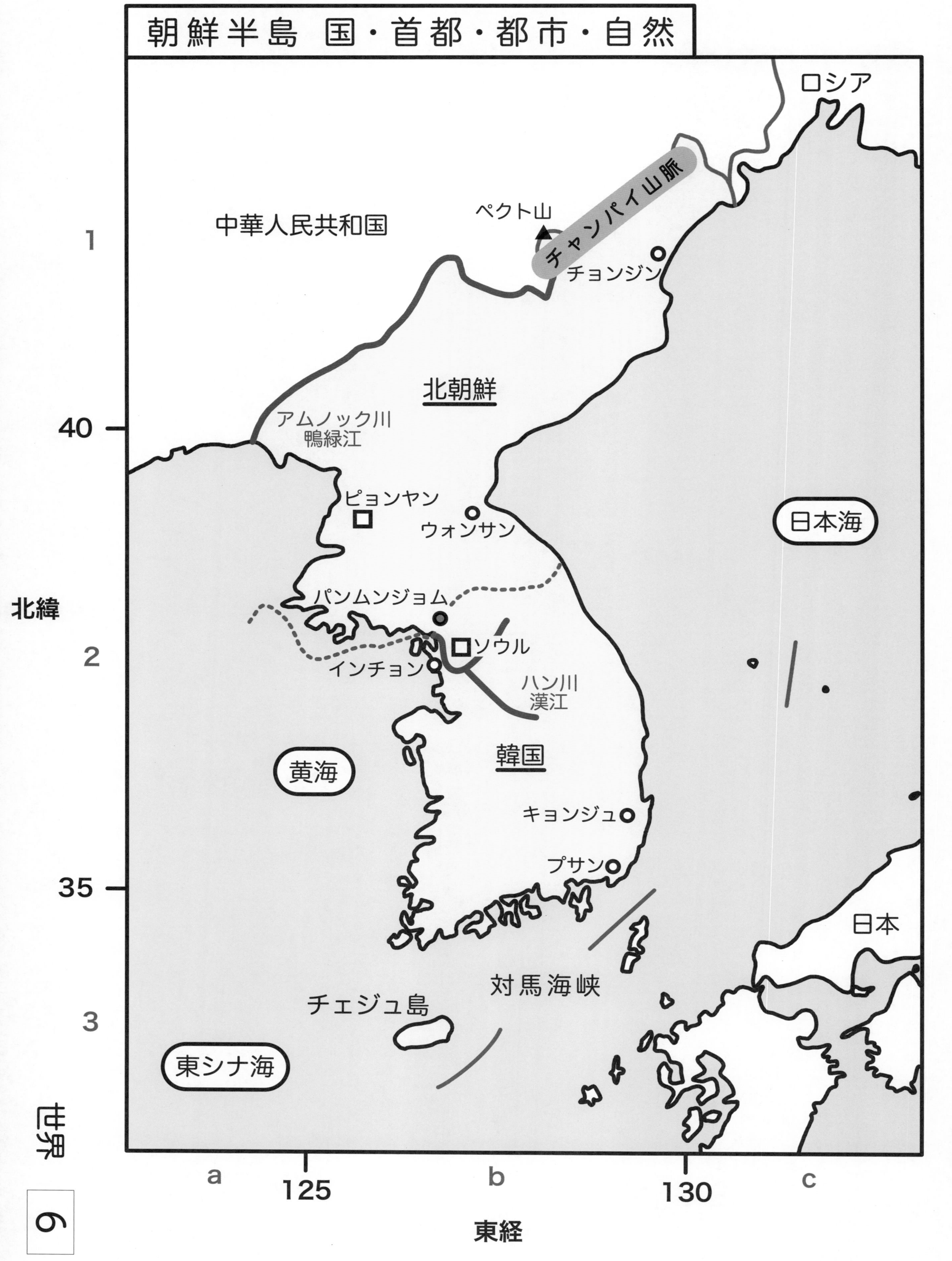

東南アジア 国・首都

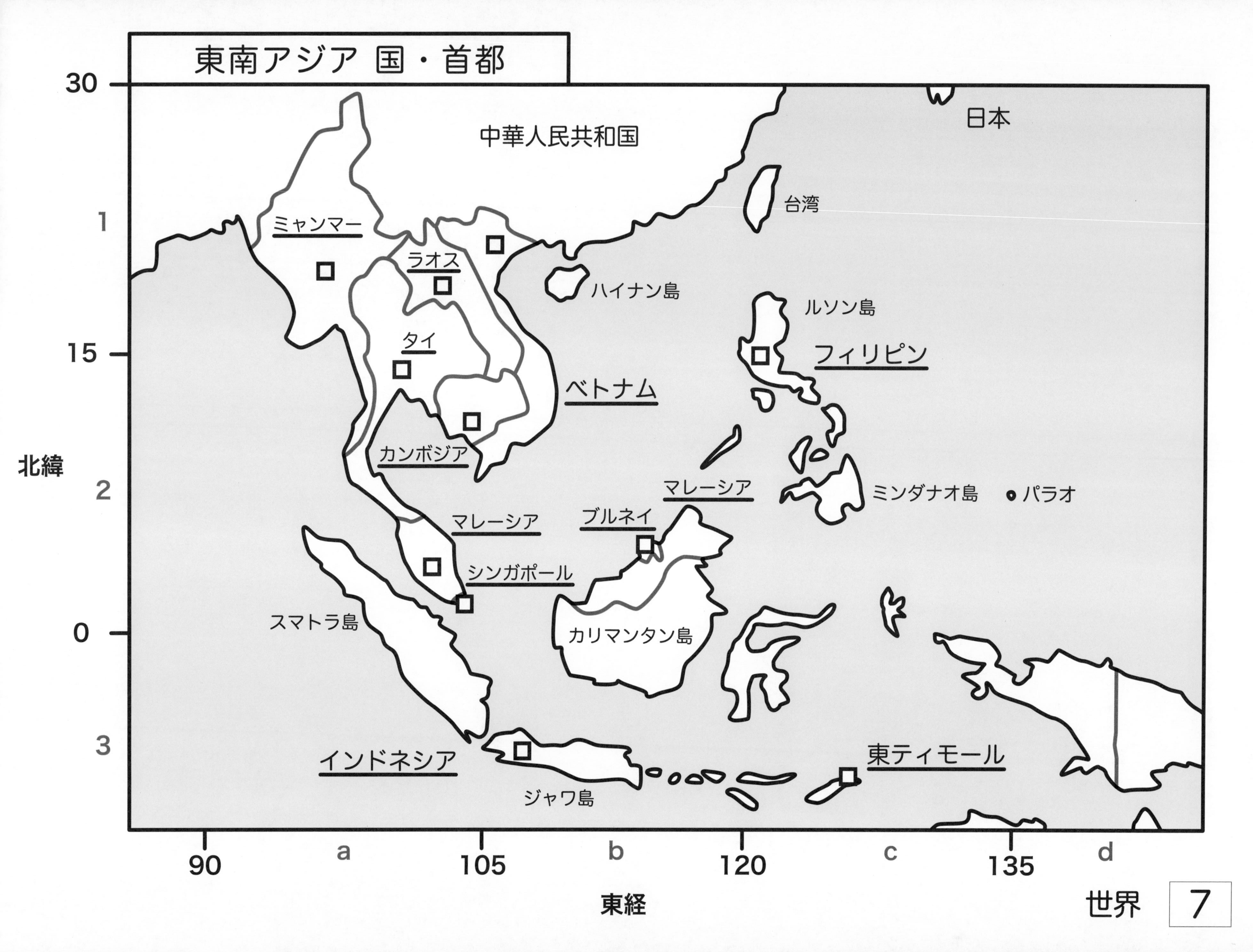

中華人民共和国
日本
台湾
ハイナン島
ルソン島
フィリピン
ミャンマー
ラオス
タイ
ベトナム
カンボジア
マレーシア
ブルネイ
マレーシア
シンガポール
ミンダナオ島
パラオ
スマトラ島
カリマンタン島
インドネシア
ジャワ島
東ティモール
北緯
30
1
15
2
0
3
90
a
105
b
120
c
135
d
東経

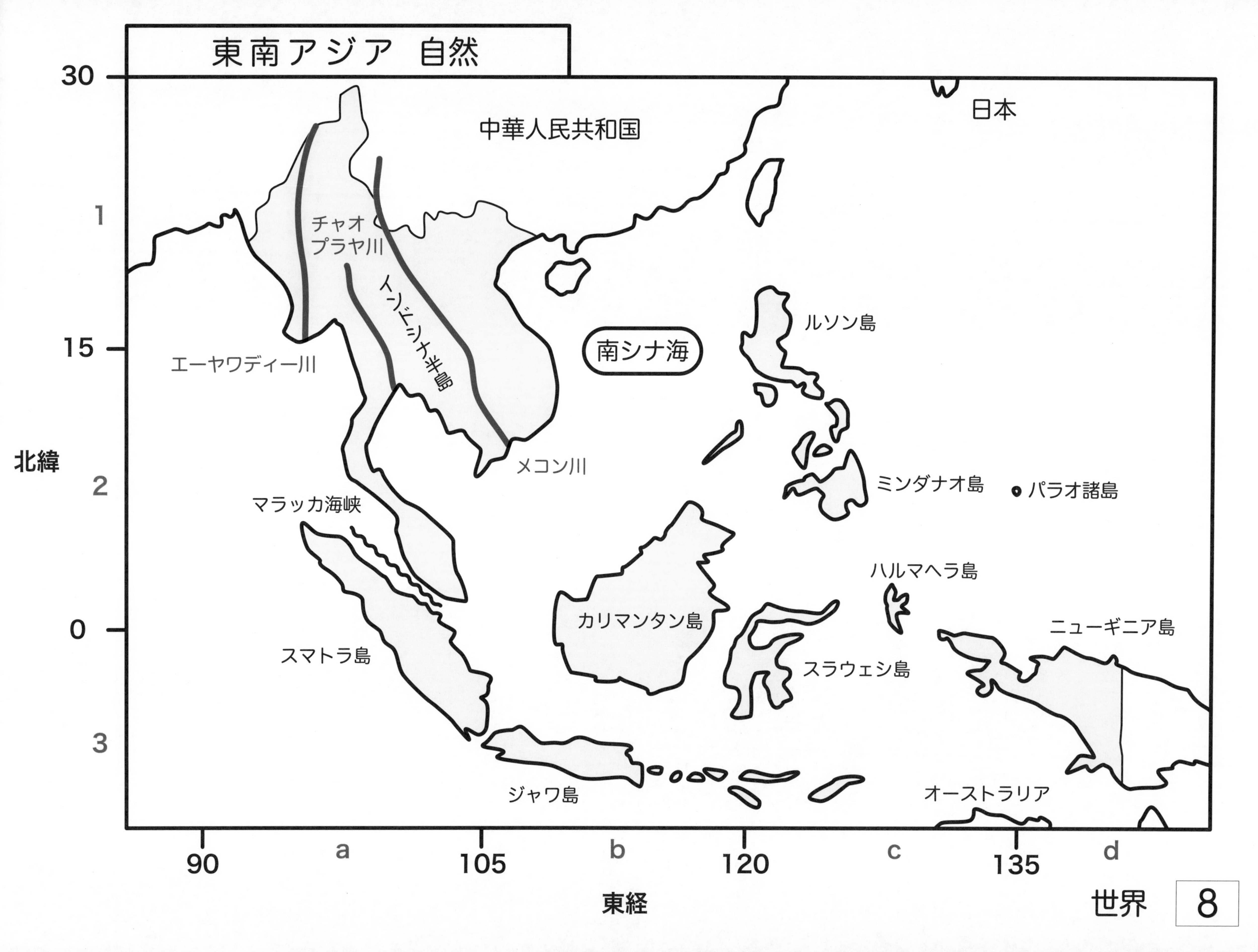
東南アジア　自然
30
1
15
北緯
2
0
3
中華人民共和国
日本
チャオ
プラヤ川
インドシナ半島
エーヤワディー川
南シナ海
ルソン島
メコン川
マラッカ海峡
ミンダナオ島
パラオ諸島
ハルマヘラ島
カリマンタン島
ニューギニア島
スマトラ島
スラウェシ島
ジャワ島
オーストラリア
90
a
105
b
120
c
135
d
東経
世界
8

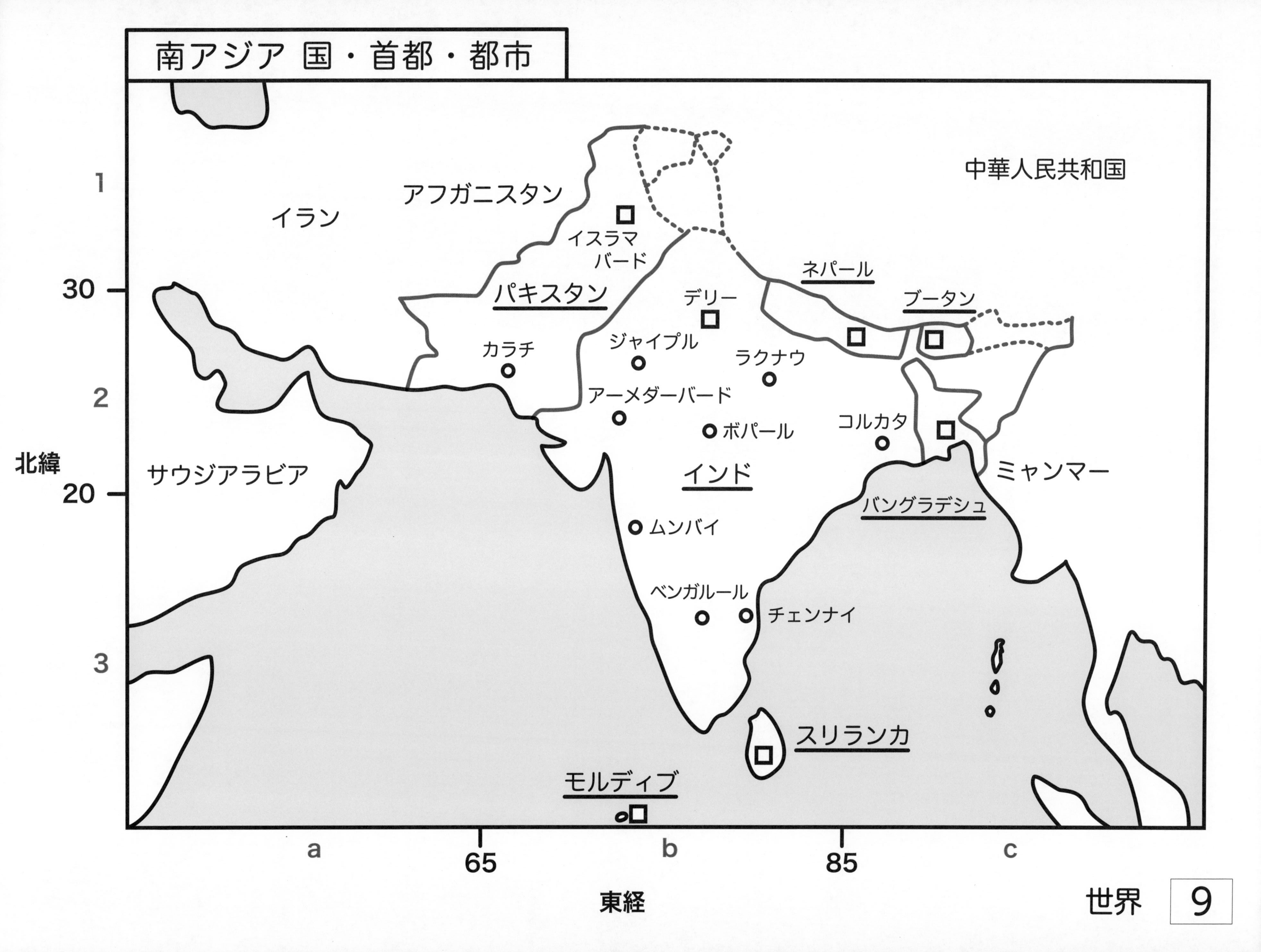
南アジア 国・首都・都市
中華人民共和国
アフガニスタン
イラン
イスラマバード
パキスタン
ネパール
ブータン
デリー
カラチ
ジャイプル
ラクナウ
アーメダーバード
ボパール
コルカタ
ミャンマー
インド
バングラデシュ
サウジアラビア
ムンバイ
ベンガルール
チェンナイ
スリランカ
モルディブ
1
2
3
30
20
北緯
a
b
c
65
85
東経
世界
9

南アジア　自然

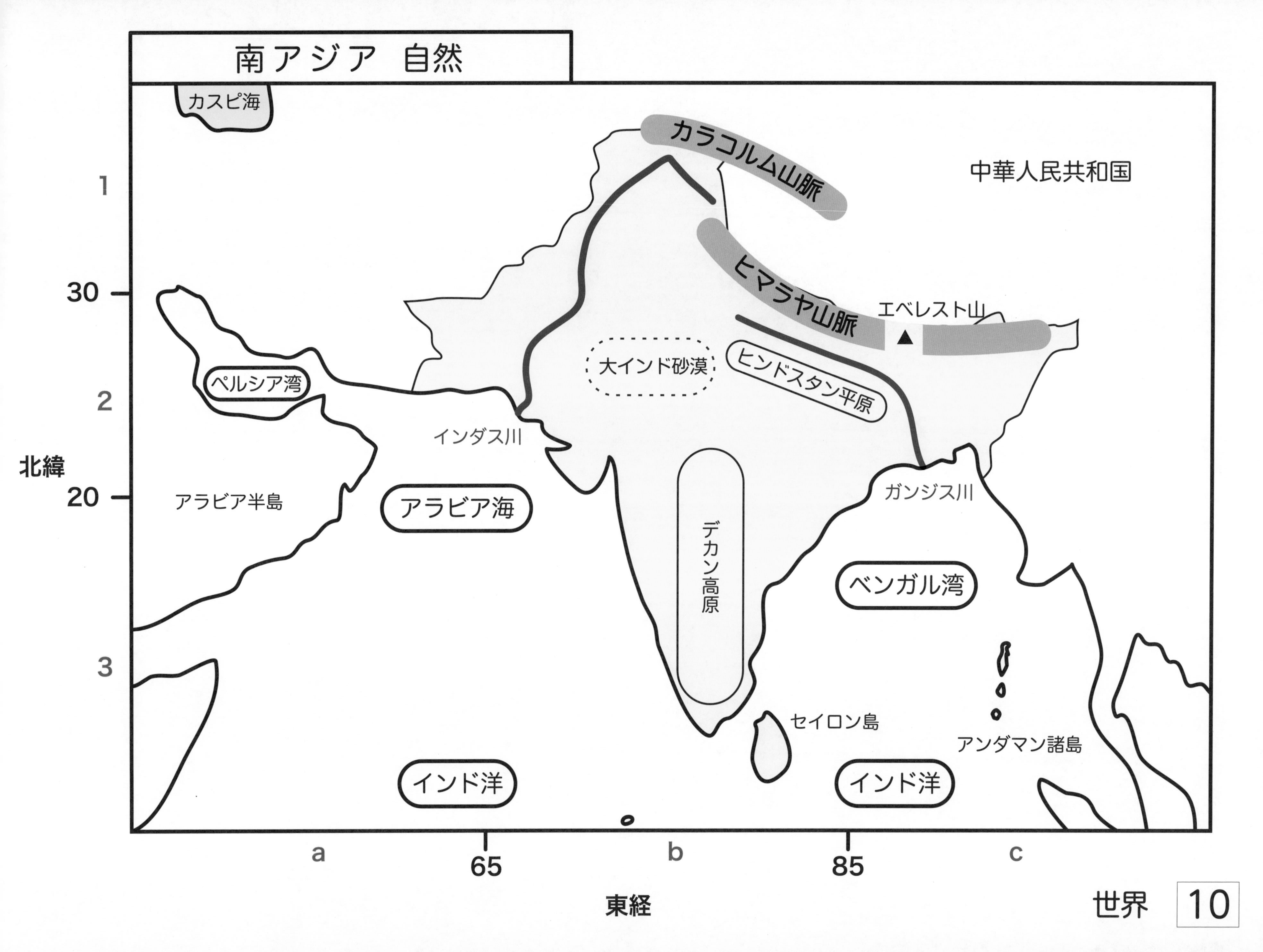
カスピ海
カラコルム山脈
中華人民共和国
ヒマラヤ山脈
エベレスト山
ペルシア湾
大インド砂漠
ヒンドスタン平原
インダス川
アラビア半島
アラビア海
ガンジス川
デカン高原
ベンガル湾
セイロン島
アンダマン諸島
インド洋
インド洋
1
30
2
北緯
20
3
a
65
b
85
c
東経

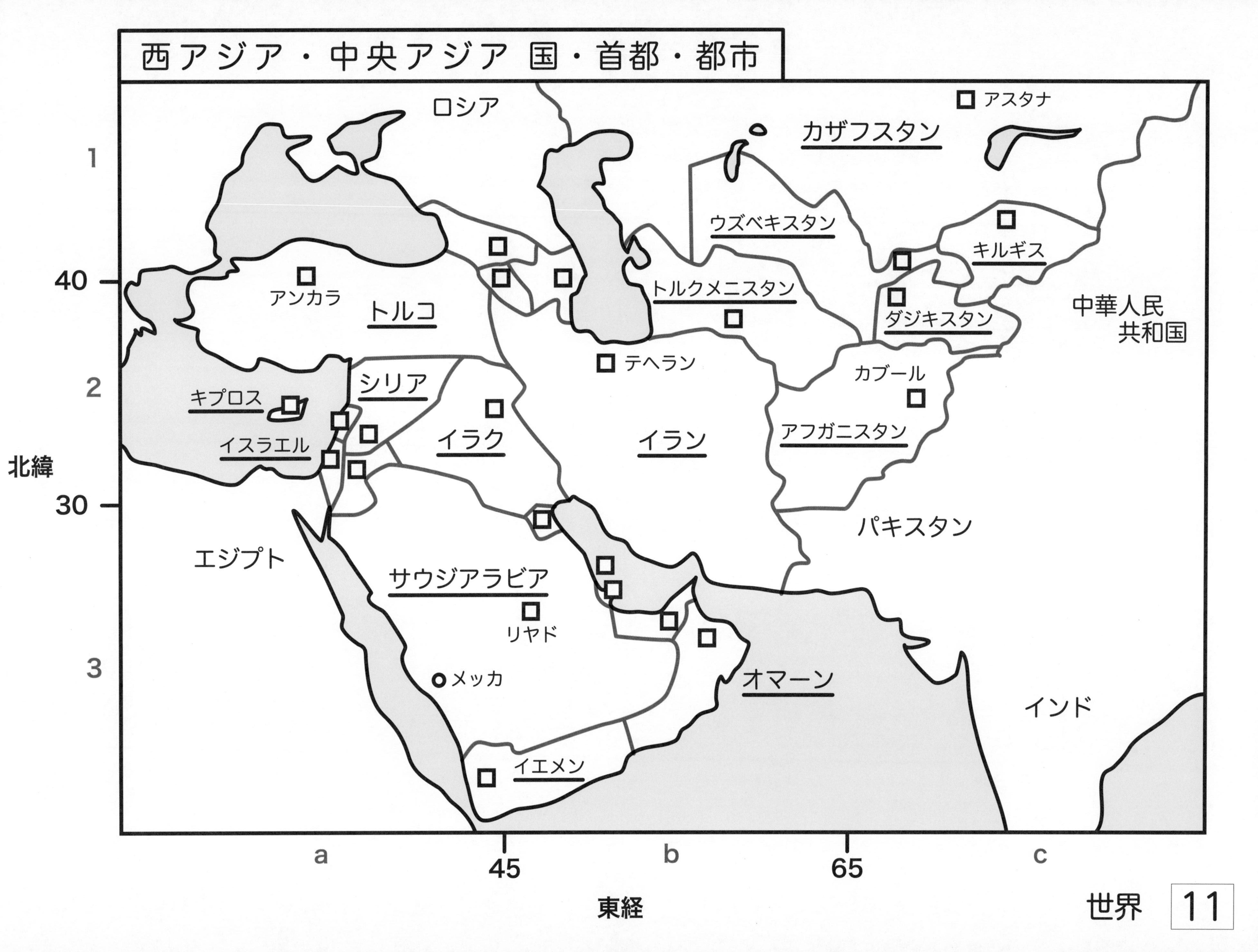
西アジア・中央アジア 国・首都・都市
ロシア
アスタナ
カザフスタン
ウズベキスタン
キルギス
トルクメニスタン
中華人民
共和国
ダジキスタン
アンカラ
トルコ
テヘラン
カブール
シリア
キプロス
イラク
イラン
アフガニスタン
イスラエル
北緯
40
30
1
2
3
パキスタン
エジプト
サウジアラビア
リヤド
メッカ
オマーン
インド
イエメン
a
b
c
45
65
東経

西アジア・中央アジア 自然

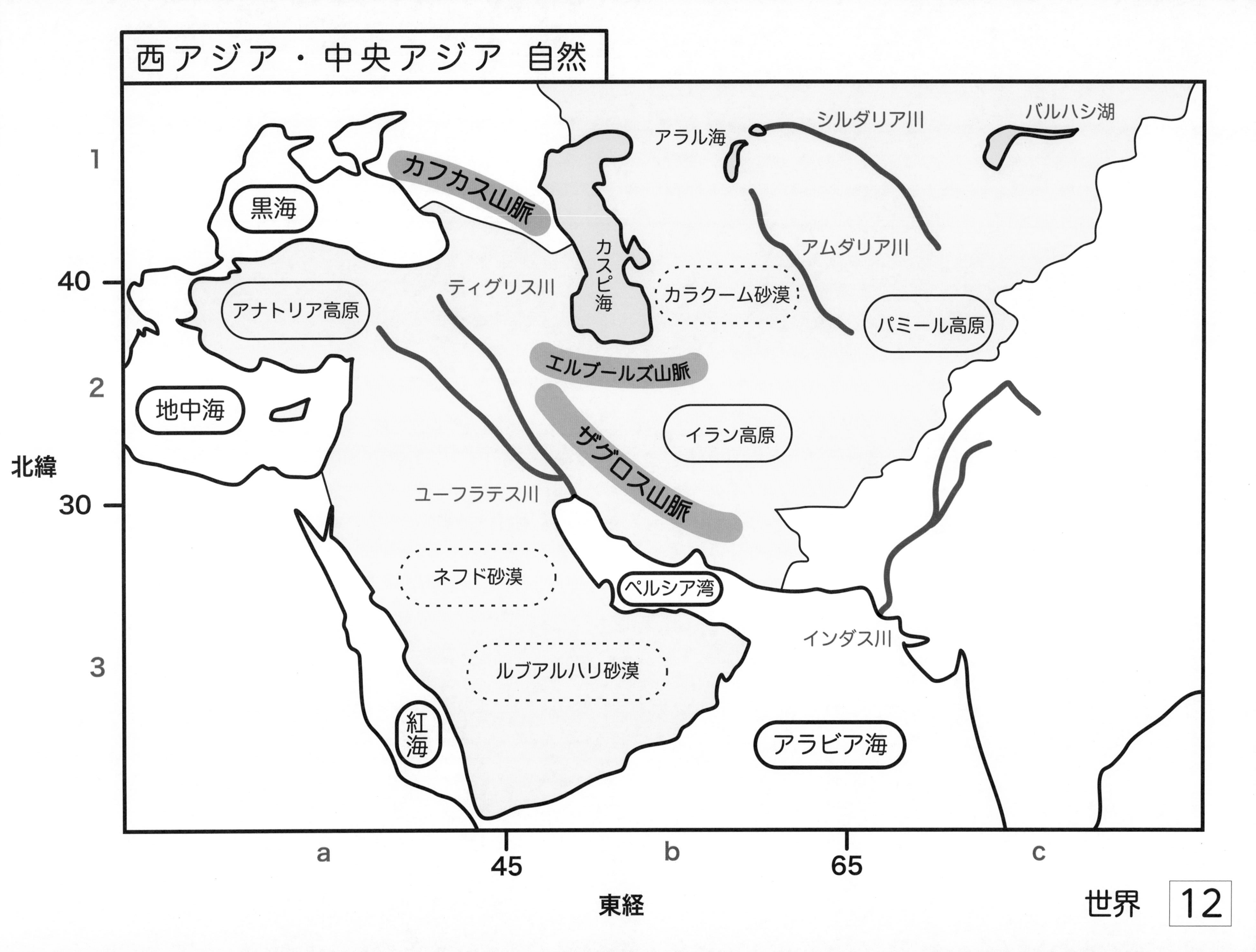

西アジア拡大　国・首都・都市

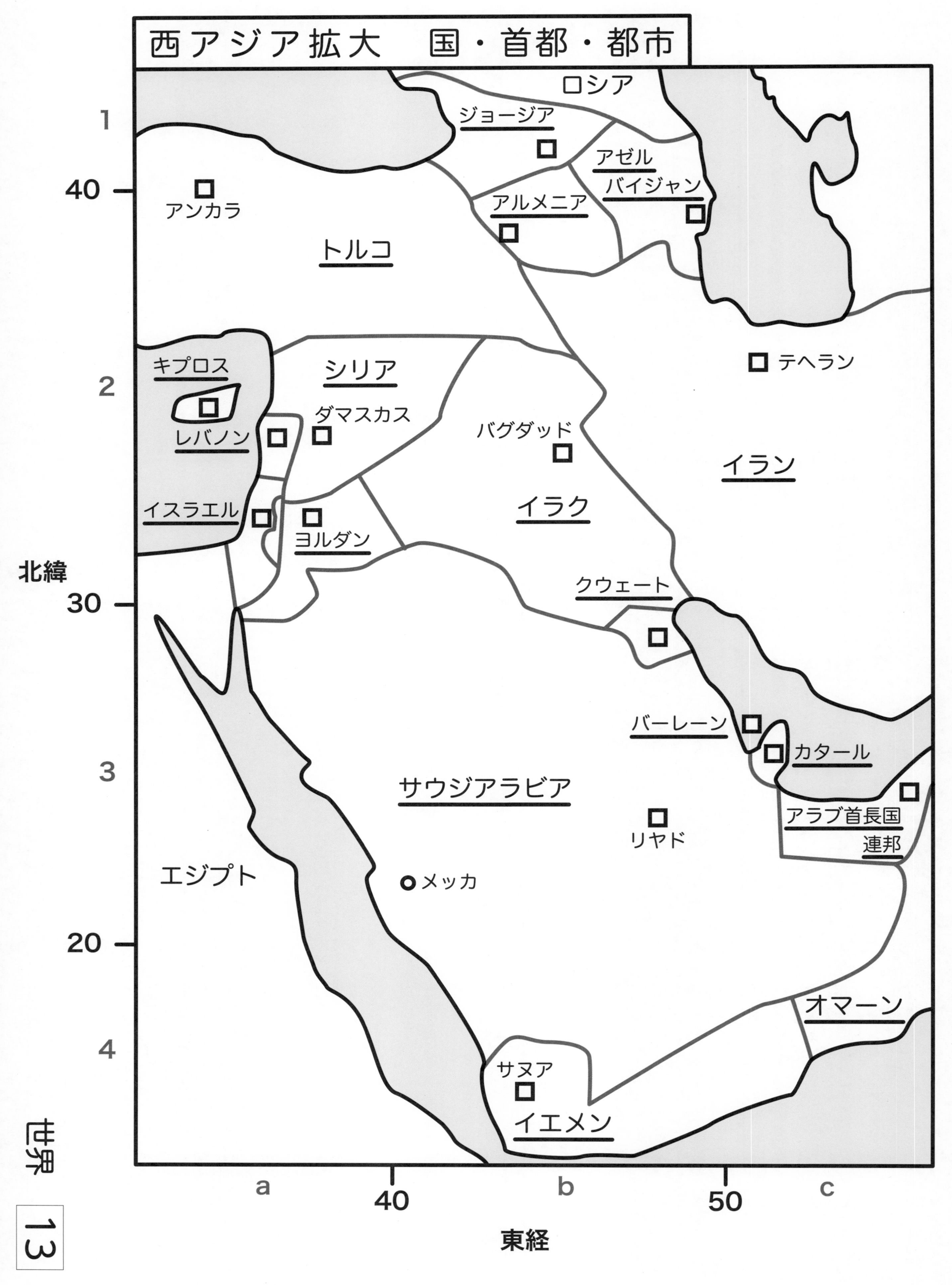

西アジア拡大　自然

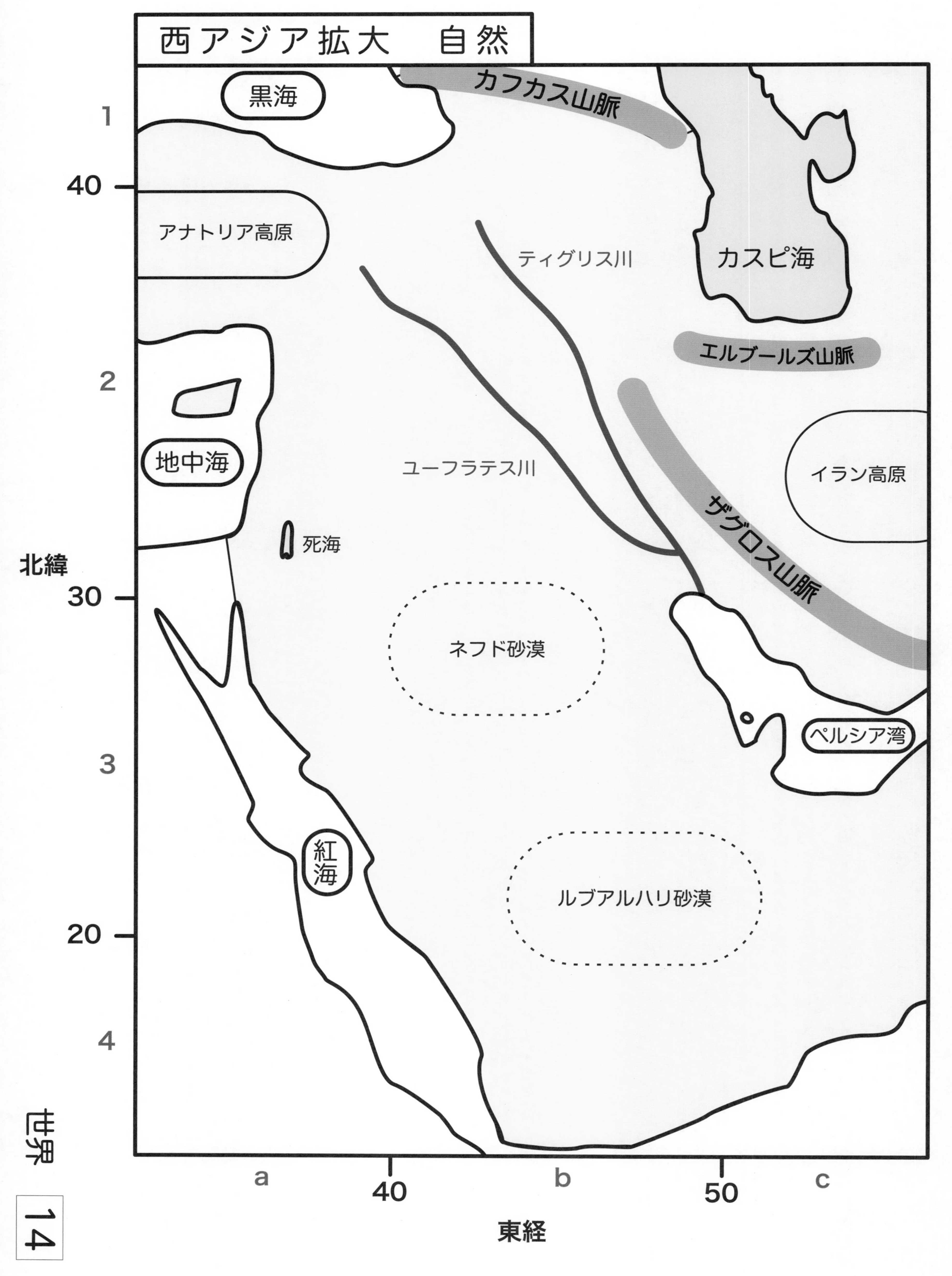
黒海
カフカス山脈
アナトリア高原
ティグリス川
カスピ海
エルブールズ山脈
地中海
ユーフラテス川
イラン高原
死海
ザグロス山脈
ネフド砂漠
ペルシア湾
紅海
ルブアルハリ砂漠
1
40
2
北緯
30
3
20
4
a
40
b
50
c
東経

中央アジア拡大 国・首都・都市

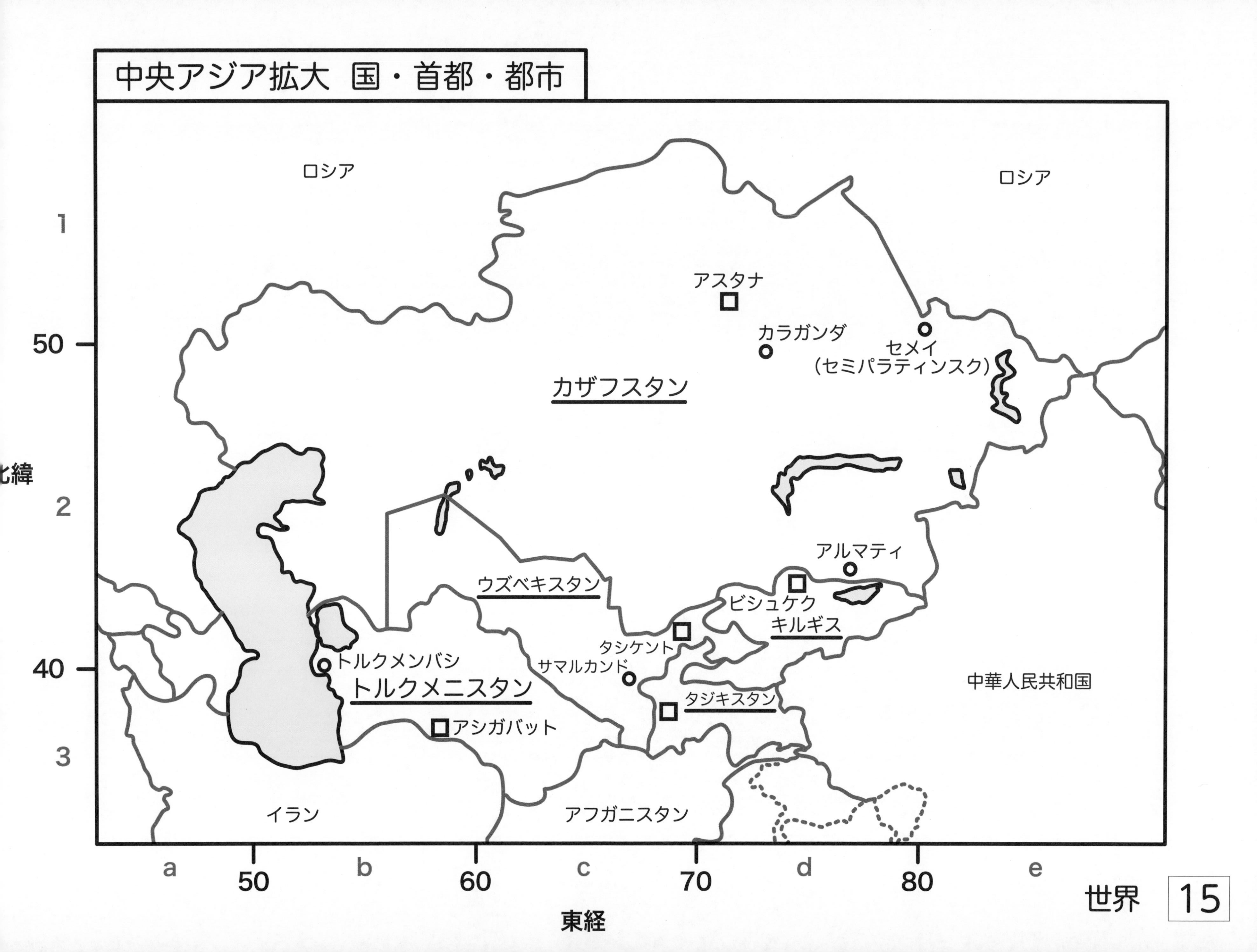

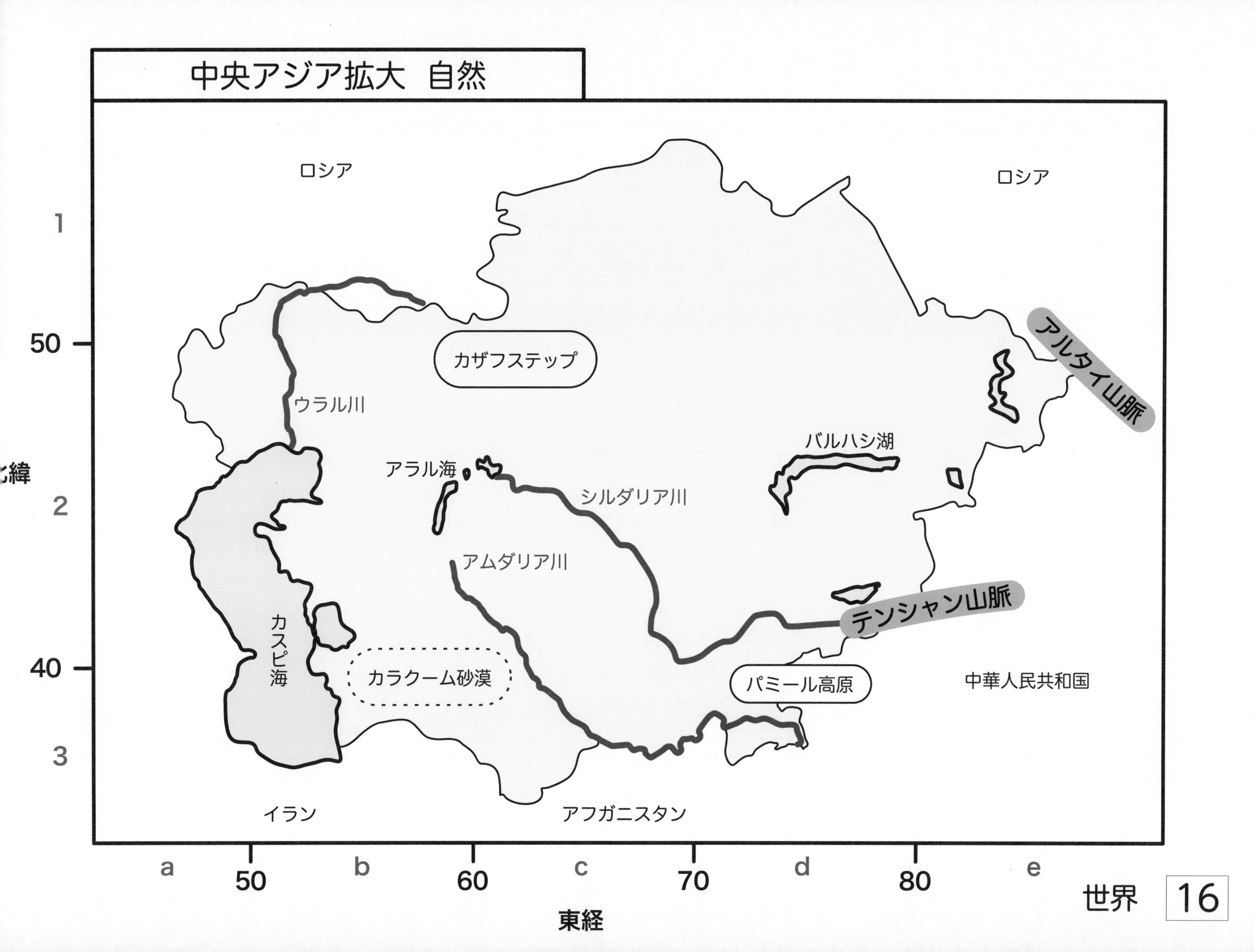

中央アジア拡大　自然
ロシア
ロシア
カザフステップ
ウラル川
アラル海
バルハシ湖
アルタイ山脈
シルダリア川
アムダリア川
テンシャン山脈
カスピ海
カラクーム砂漠
パミール高原
中華人民共和国
イラン
アフガニスタン
1
2
3
50
40
北緯
a
b
c
d
e
50
60
70
80
東経

アフリカ　国・首都

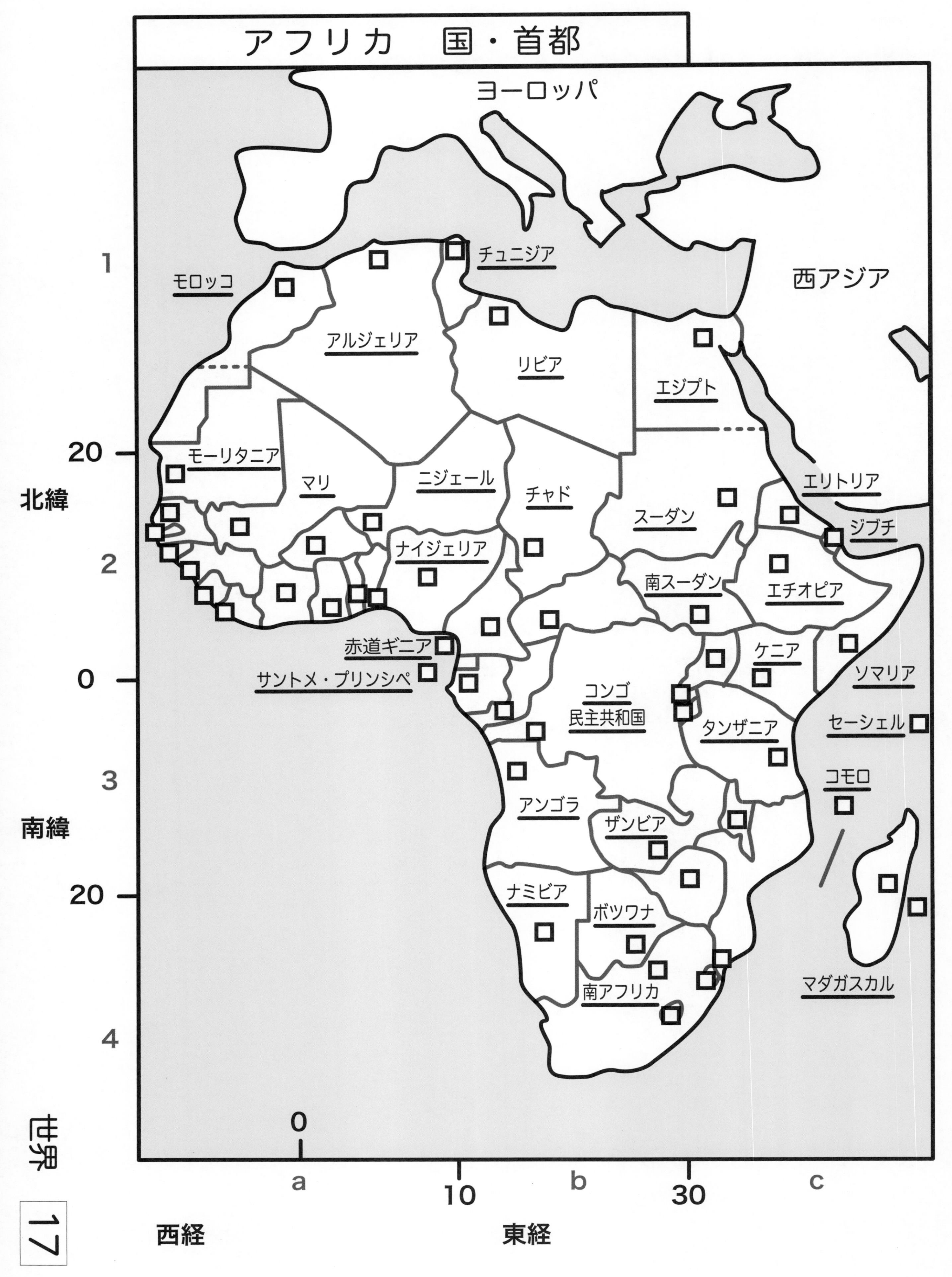
ヨーロッパ
西アジア
モロッコ
チュニジア
アルジェリア
リビア
エジプト
モーリタニア
マリ
ニジェール
チャド
スーダン
エリトリア
ジブチ
ナイジェリア
南スーダン
エチオピア
赤道ギニア
サントメ・プリンシペ
ケニア
ソマリア
コンゴ
民主共和国
タンザニア
セーシェル
コモロ
アンゴラ
ザンビア
ナミビア
ボツワナ
南アフリカ
マダガスカル
1
2
3
4
20
北緯
0
南緯
20
0
a
10
b
30
c
西経
東経

アフリカ　自然

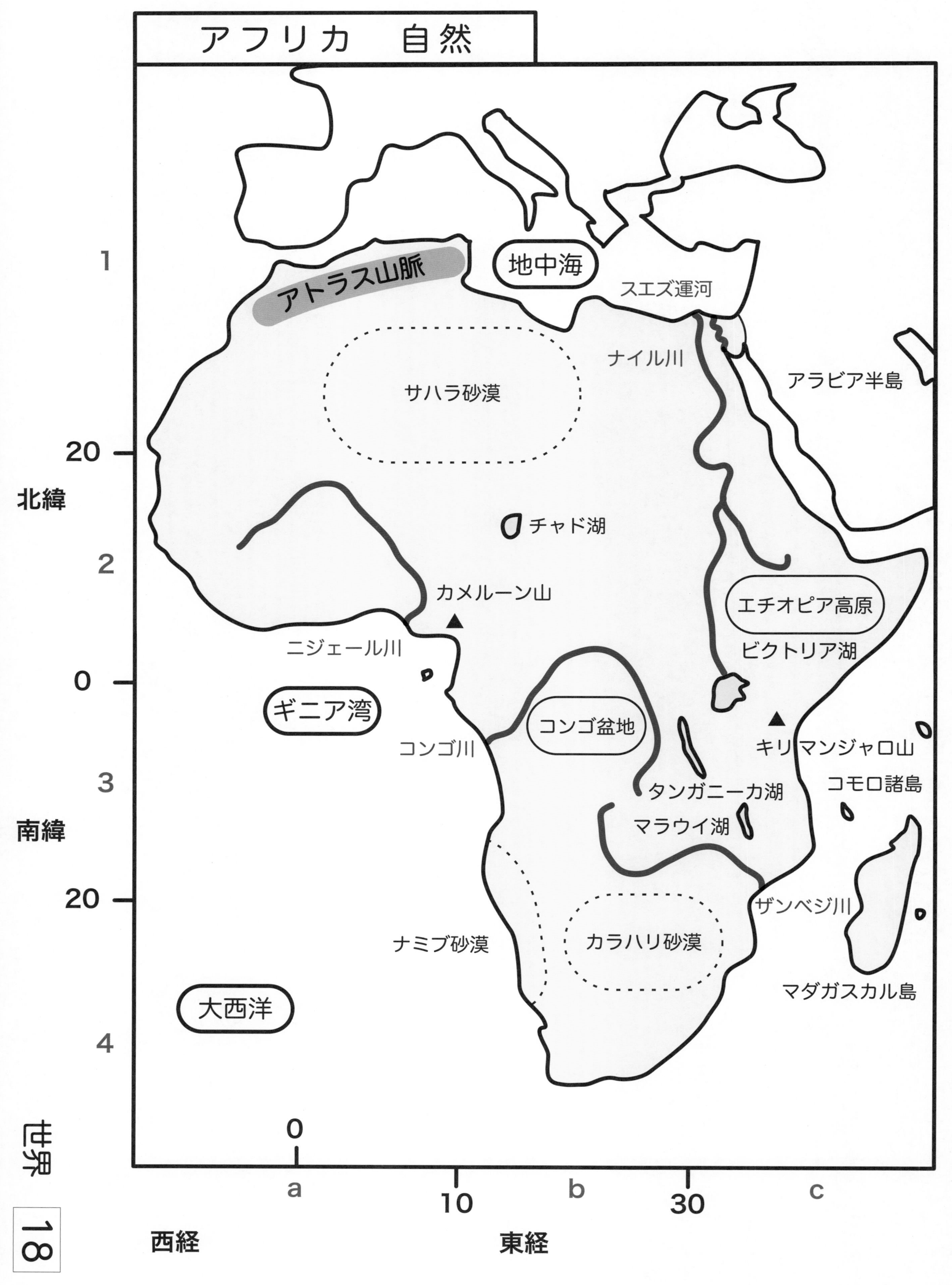

地中海
アトラス山脈
スエズ運河
ナイル川
サハラ砂漠
アラビア半島
チャド湖
カメルーン山
エチオピア高原
ニジェール川
ビクトリア湖
ギニア湾
コンゴ盆地
コンゴ川
キリマンジャロ山
タンガニーカ湖
コモロ諸島
マラウイ湖
ザンベジ川
ナミブ砂漠
カラハリ砂漠
マダガスカル島
大西洋
1
20
北緯
2
0
3
南緯
20
4
0
a
10
b
30
c
西経
東経

アフリカ西部 国・首都

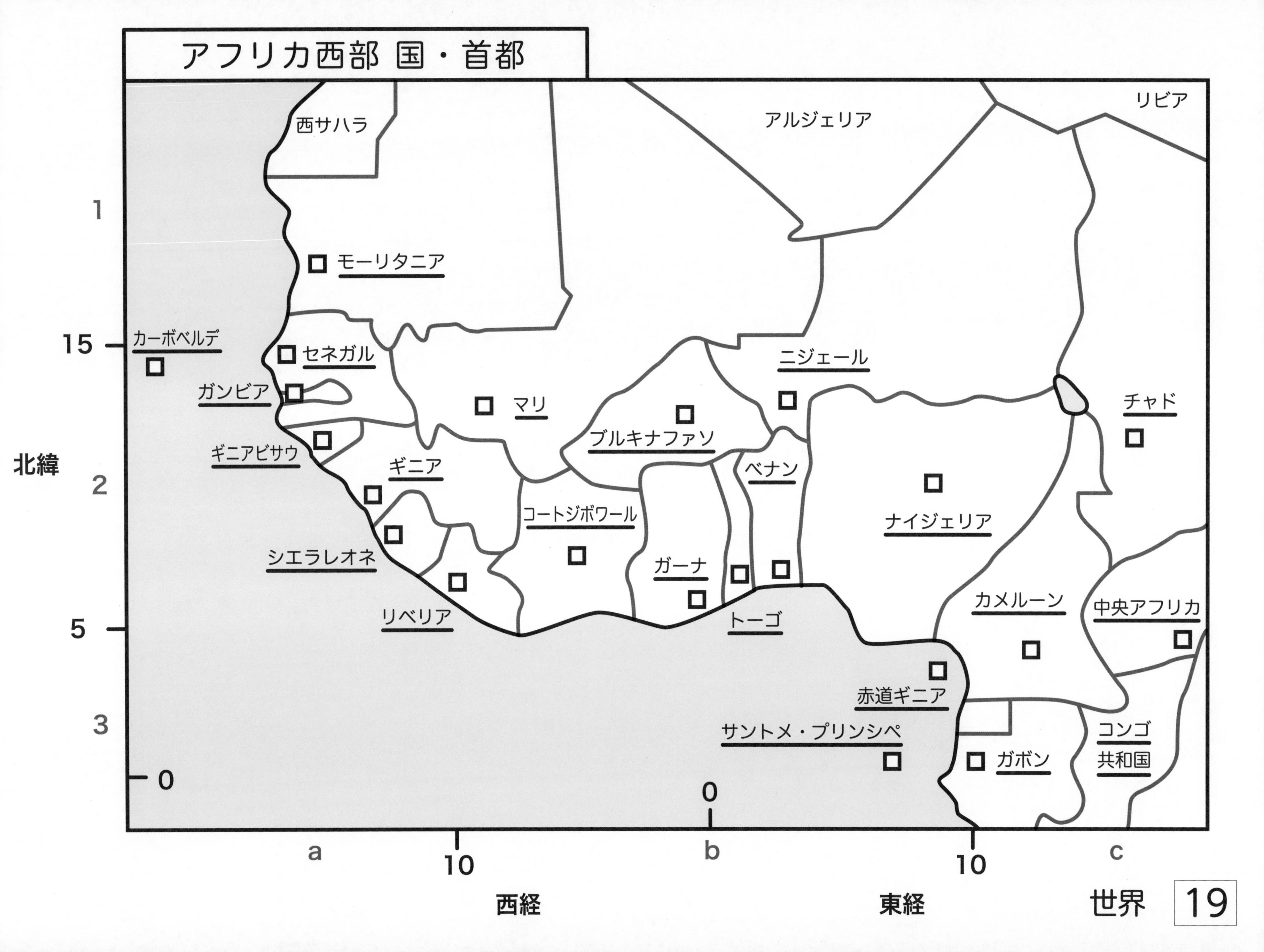
西サハラ
アルジェリア
リビア
1
モーリタニア
15
カーボベルデ
セネガル
ガンビア
マリ
ニジェール
チャド
ブルキナファソ
ギニアビサウ
北緯
ギニア
ベナン
2
ナイジェリア
コートジボワール
シエラレオネ
ガーナ
カメルーン
中央アフリカ
リベリア
トーゴ
5
赤道ギニア
3
サントメ・プリンシペ
コンゴ
共和国
ガボン
0
0
a
10
b
10
c
西経
東経

アフリカ中南部　国・首都

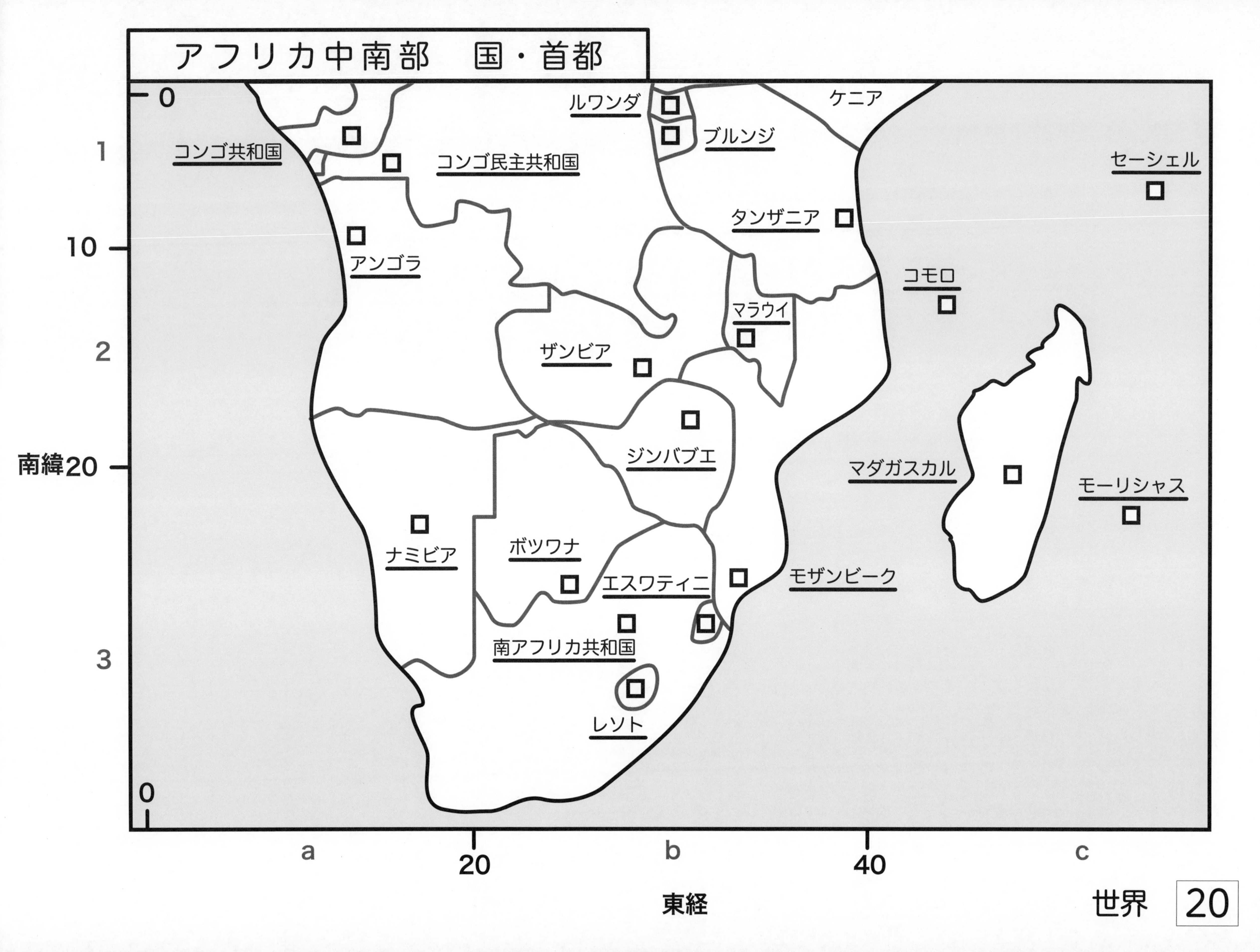
0
ルワンダ
ケニア
1
コンゴ共和国
ブルンジ
コンゴ民主共和国
セーシェル
タンザニア
10
アンゴラ
コモロ
マラウイ
2
ザンビア
ジンバブエ
南緯20
マダガスカル
モーリシャス
ナミビア
ボツワナ
エスワティニ
モザンビーク
南アフリカ共和国
3
レソト
0
a
20
b
40
c
東経

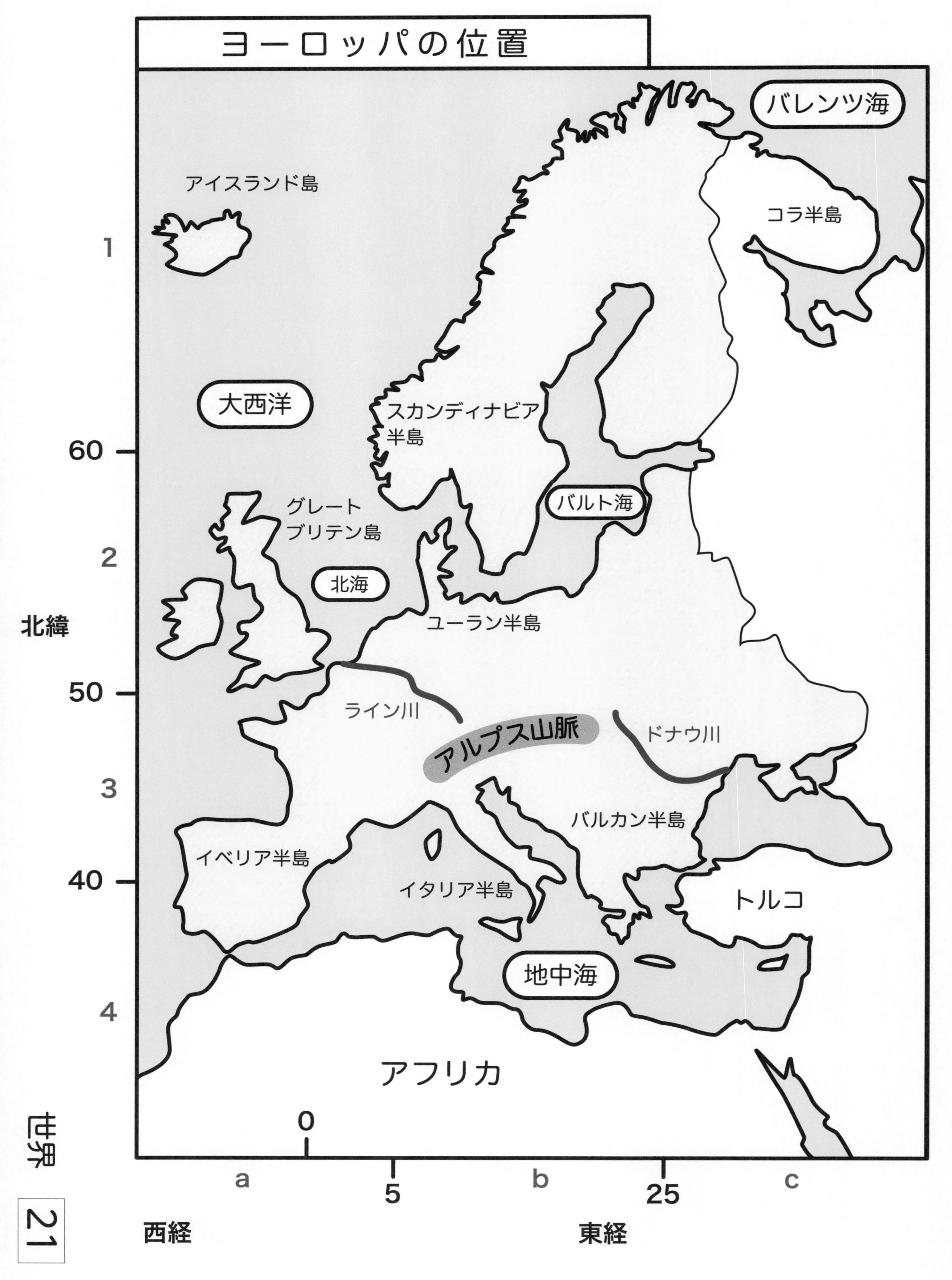
ヨーロッパの位置
バレンツ海
アイスランド島
コラ半島
大西洋
スカンディナビア
半島
グレート
ブリテン島
バルト海
北海
ユーラン半島
ライン川
アルプス山脈
ドナウ川
バルカン半島
イベリア半島
イタリア半島
トルコ
地中海
アフリカ
北緯
60
50
40
1
2
3
4
0
a
5
b
25
c
西経
東経

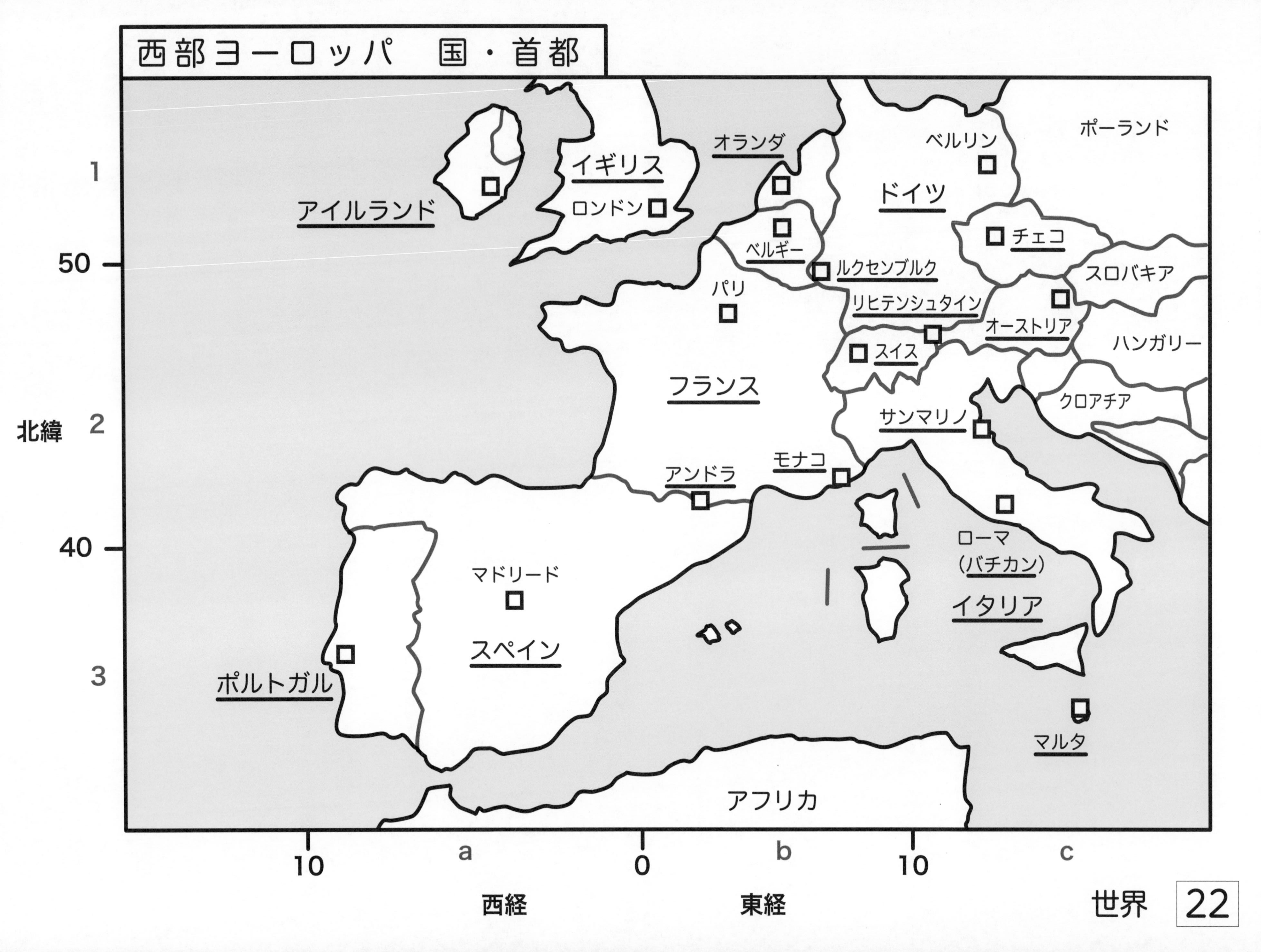
西部ヨーロッパ　国・首都
ポーランド
ベルリン
オランダ
イギリス
ドイツ
アイルランド
ロンドン
チェコ
ベルギー
ルクセンブルク
スロバキア
パリ
リヒテンシュタイン
オーストリア
スイス
ハンガリー
フランス
クロアチア
サンマリノ
モナコ
アンドラ
ローマ
(バチカン)
マドリード
イタリア
スペイン
ポルトガル
マルタ
アフリカ
50
40
北緯
1
2
3
10
0
10
a
b
c
西経
東経

西部ヨーロッパ　自然

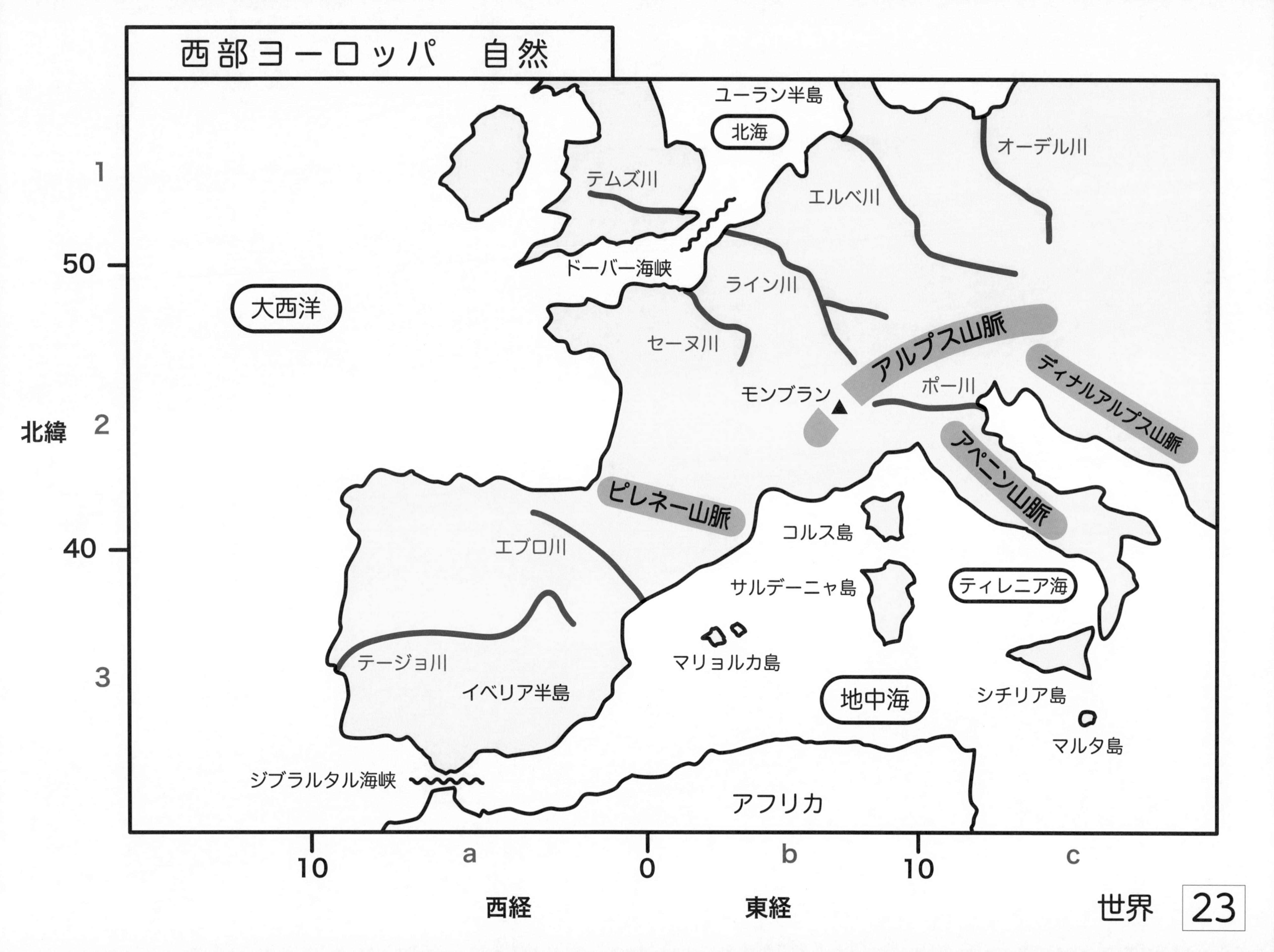

ユーラン半島
北海
オーデル川
テムズ川
エルベ川
ドーバー海峡
ライン川
大西洋
セーヌ川
アルプス山脈
ディナルアルプス山脈
ポー川
モンブラン
アペニン山脈
ピレネー山脈
コルス島
エブロ川
サルデーニャ島
ティレニア海
マリョルカ島
テージョ川
イベリア半島
地中海
シチリア島
マルタ島
ジブラルタル海峡
アフリカ
北緯
1
50
2
40
3
10
a
0
b
10
c
西経
東経

西部ヨーロッパ中央部　国・首都・都市

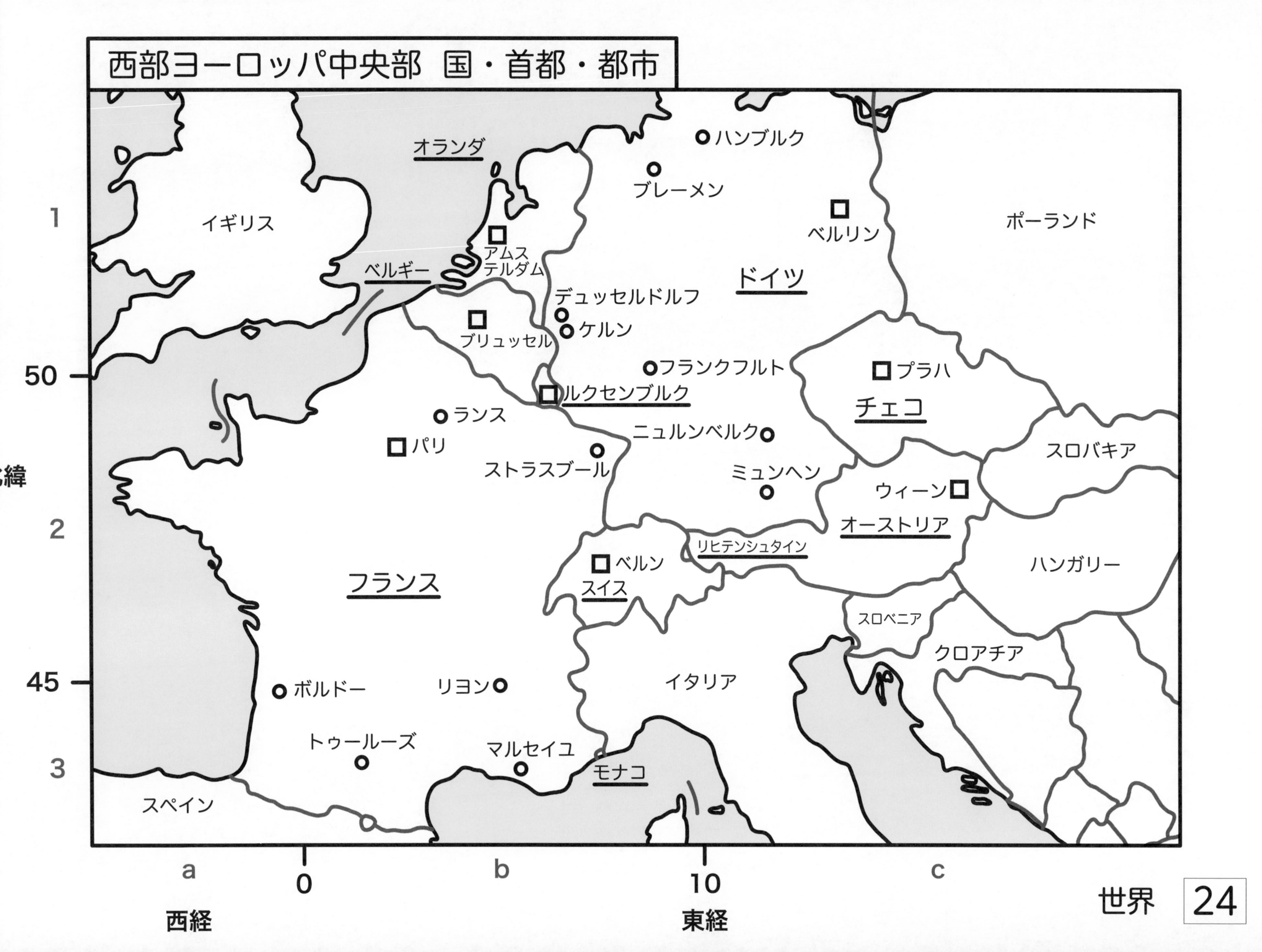

西部ヨーロッパ中央部　自然

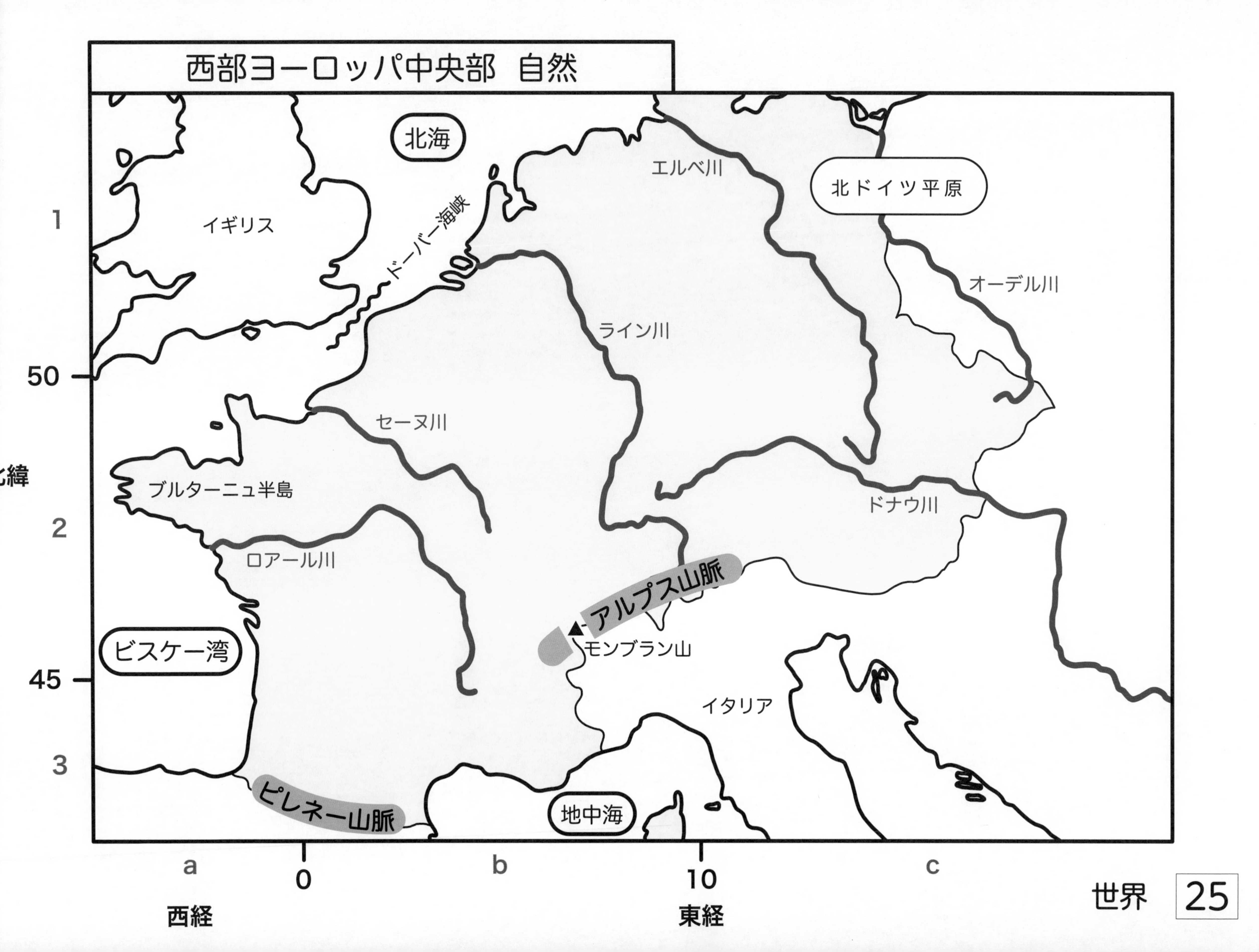

イギリス・アイルランド　国・首都・都市

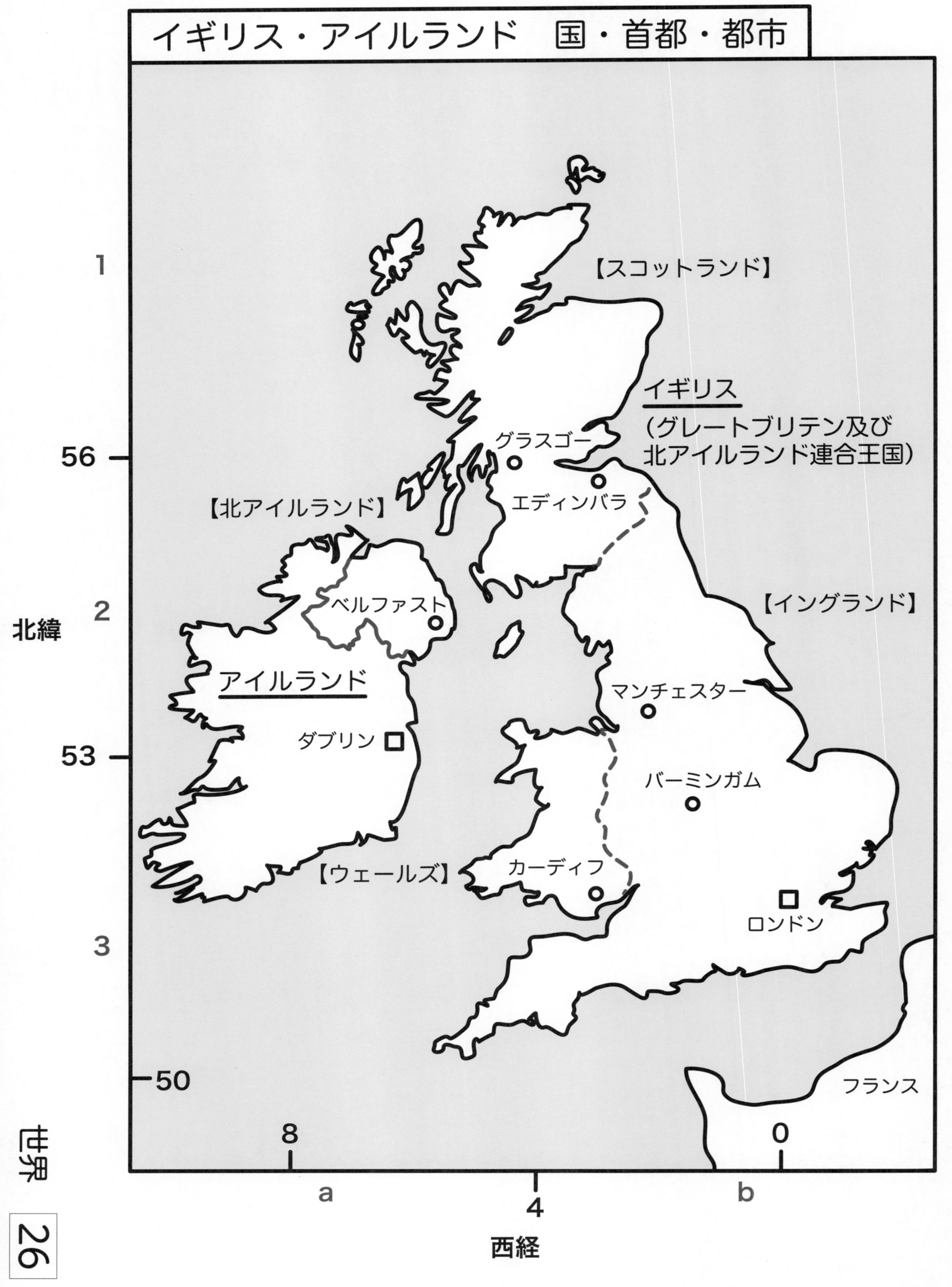

イギリス・アイルランド　自然

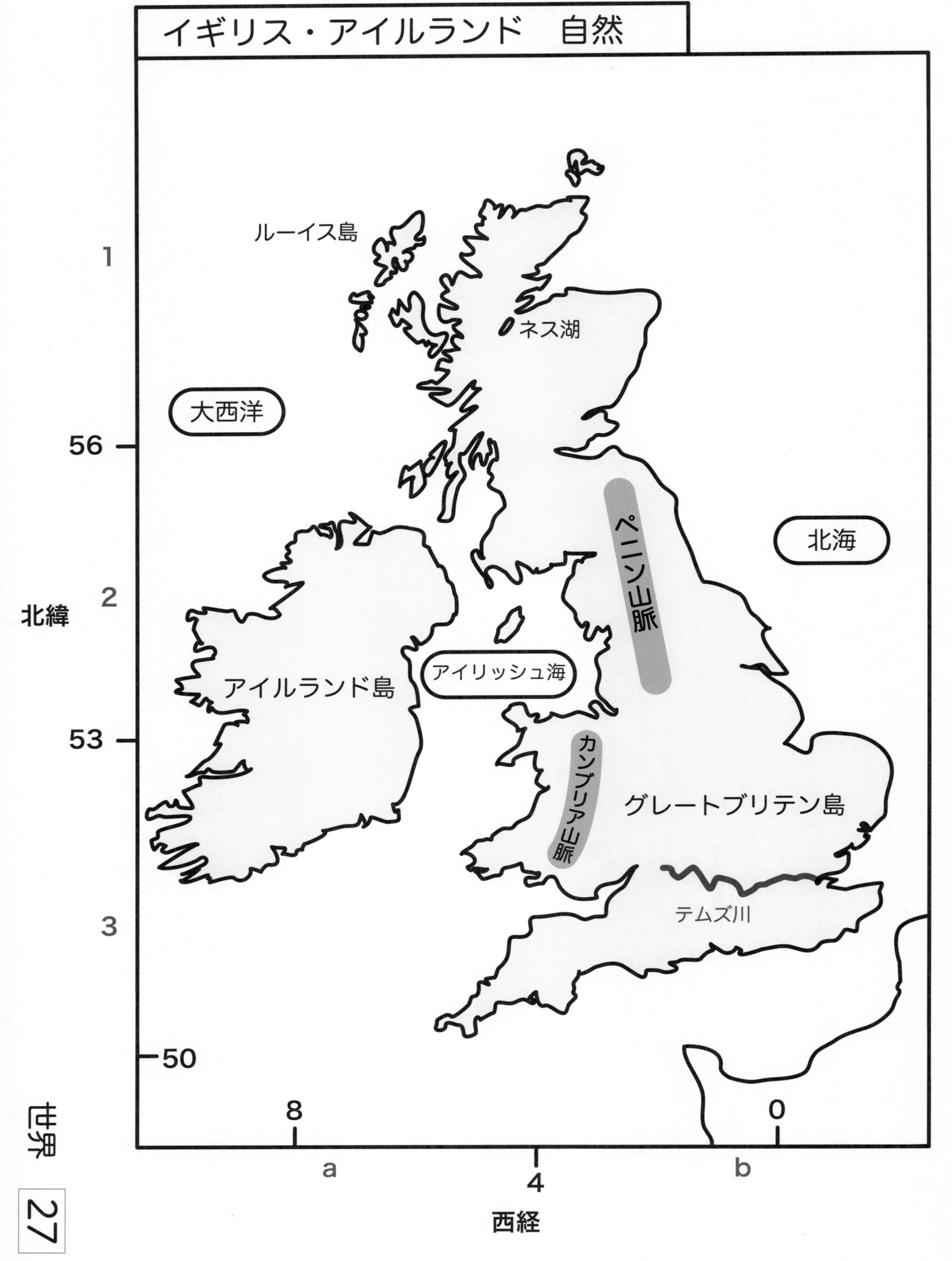

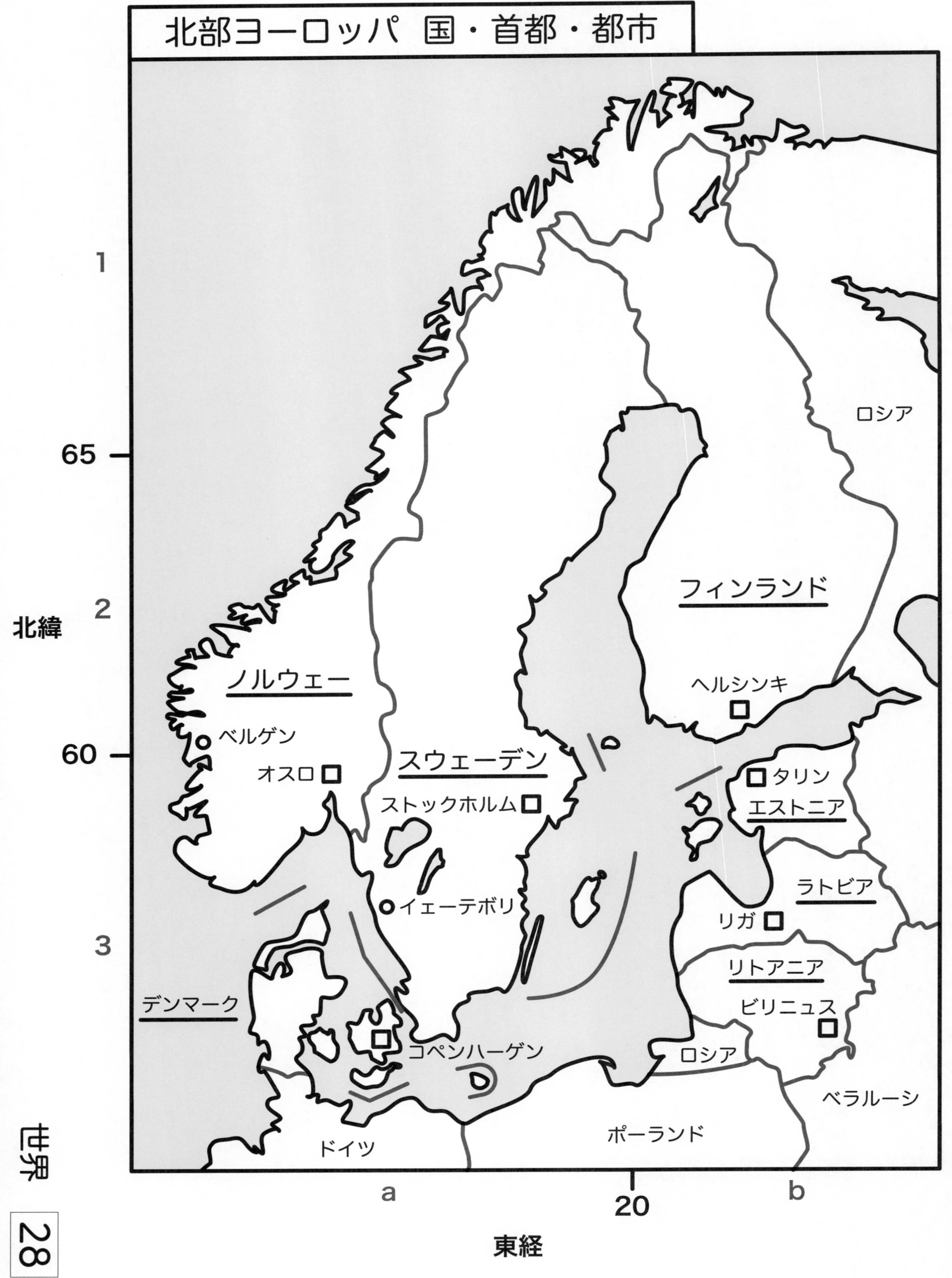

北部ヨーロッパ　国・首都・都市
1
65
2
北緯
60
3
ノルウェー
ベルゲン
オスロ
スウェーデン
ストックホルム
イェーテボリ
フィンランド
ヘルシンキ
ロシア
タリン
エストニア
ラトビア
リガ
リトアニア
ビリニュス
デンマーク
コペンハーゲン
ロシア
ベラルーシ
ポーランド
ドイツ
a
20
b
東経

北部ヨーロッパ 自然

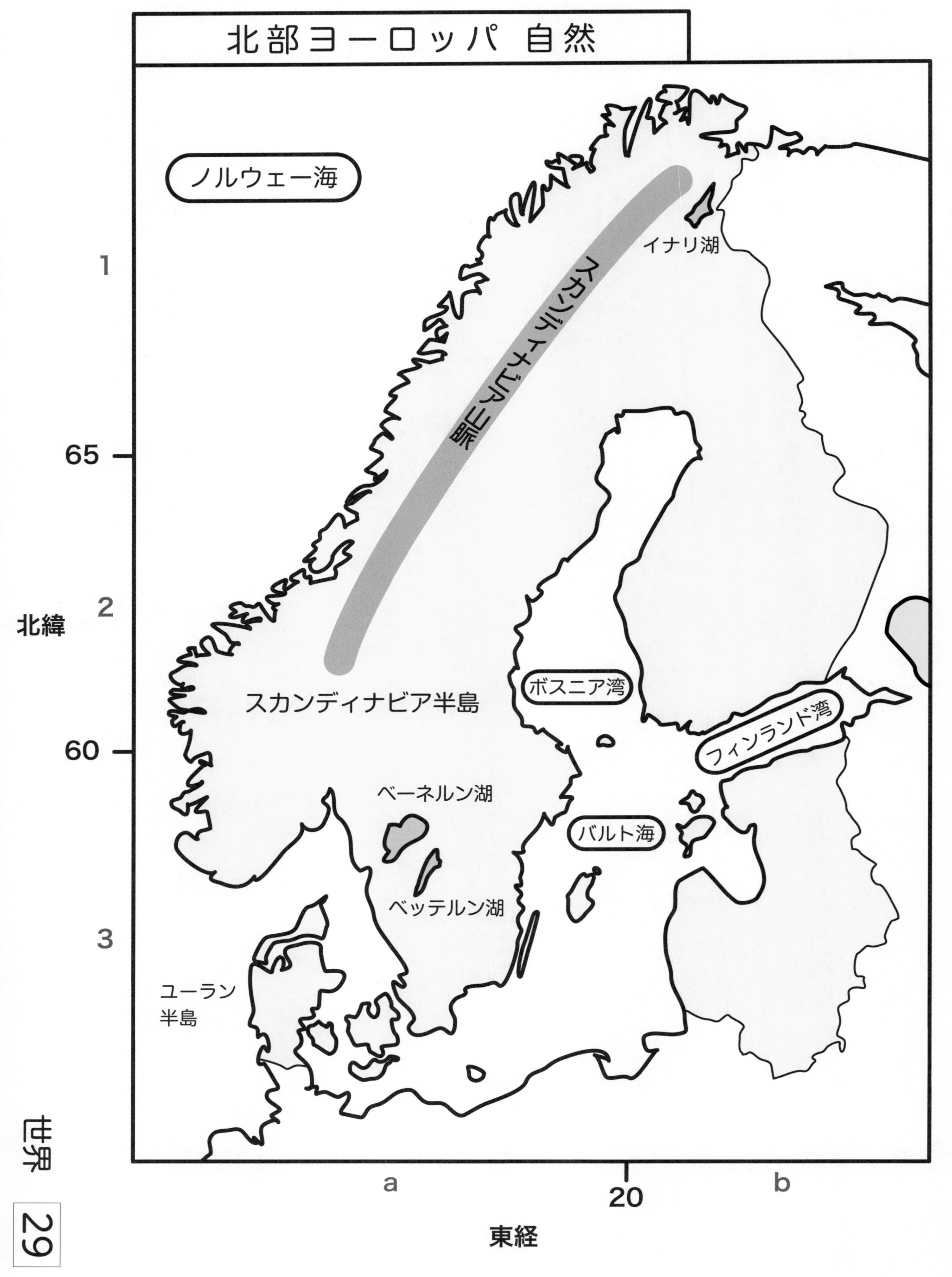
ノルウェー海
イナリ湖
スカンディナビア山脈
1
65
2
北緯
60
3
スカンディナビア半島
ボスニア湾
フィンランド湾
ベーネルン湖
バルト海
ベッテルン湖
ユーラン
半島
a
20
b
東経

イタリア半島　国・首都・都市・自然

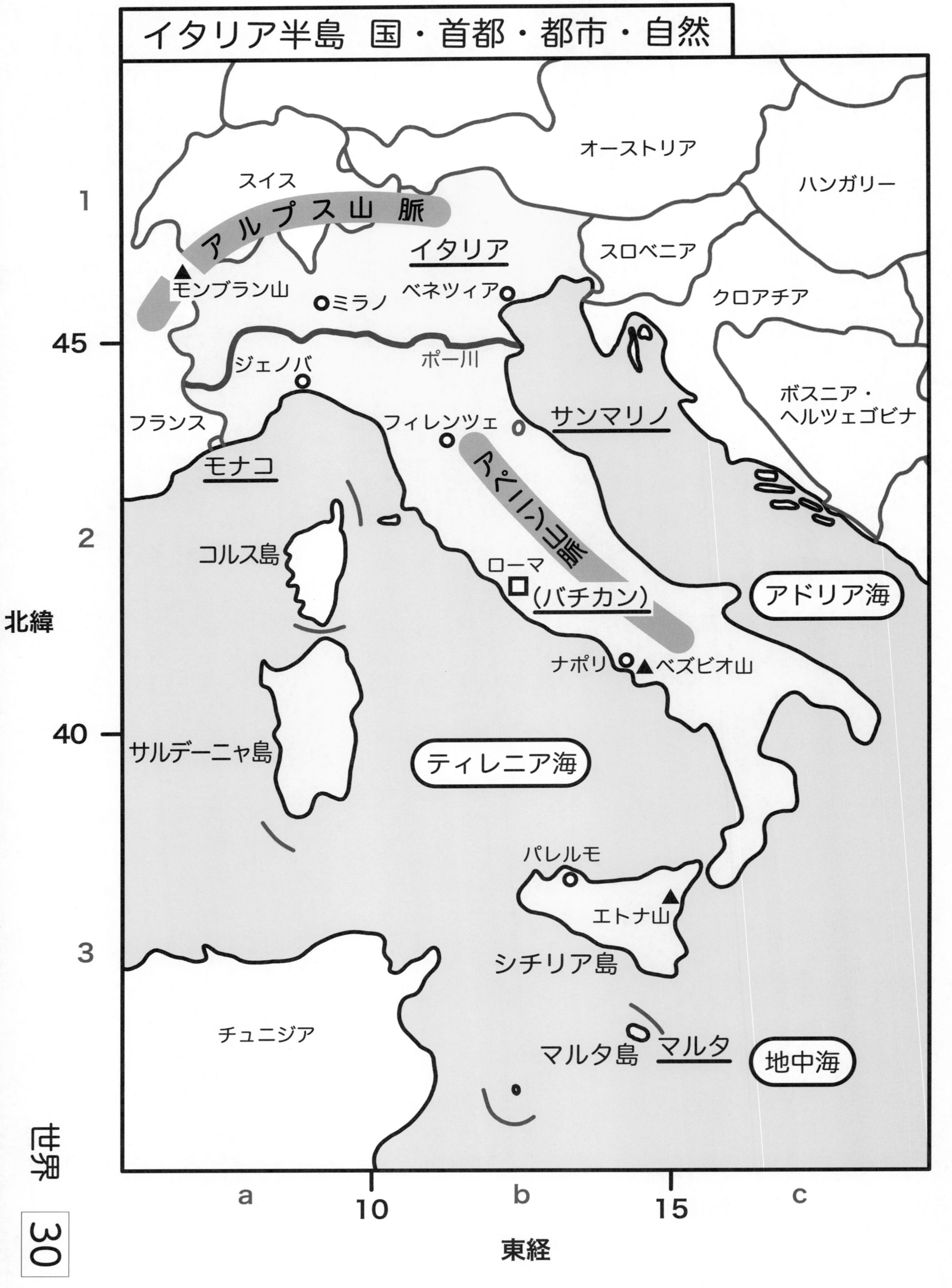

イベリア半島 国・首都・都市・自然

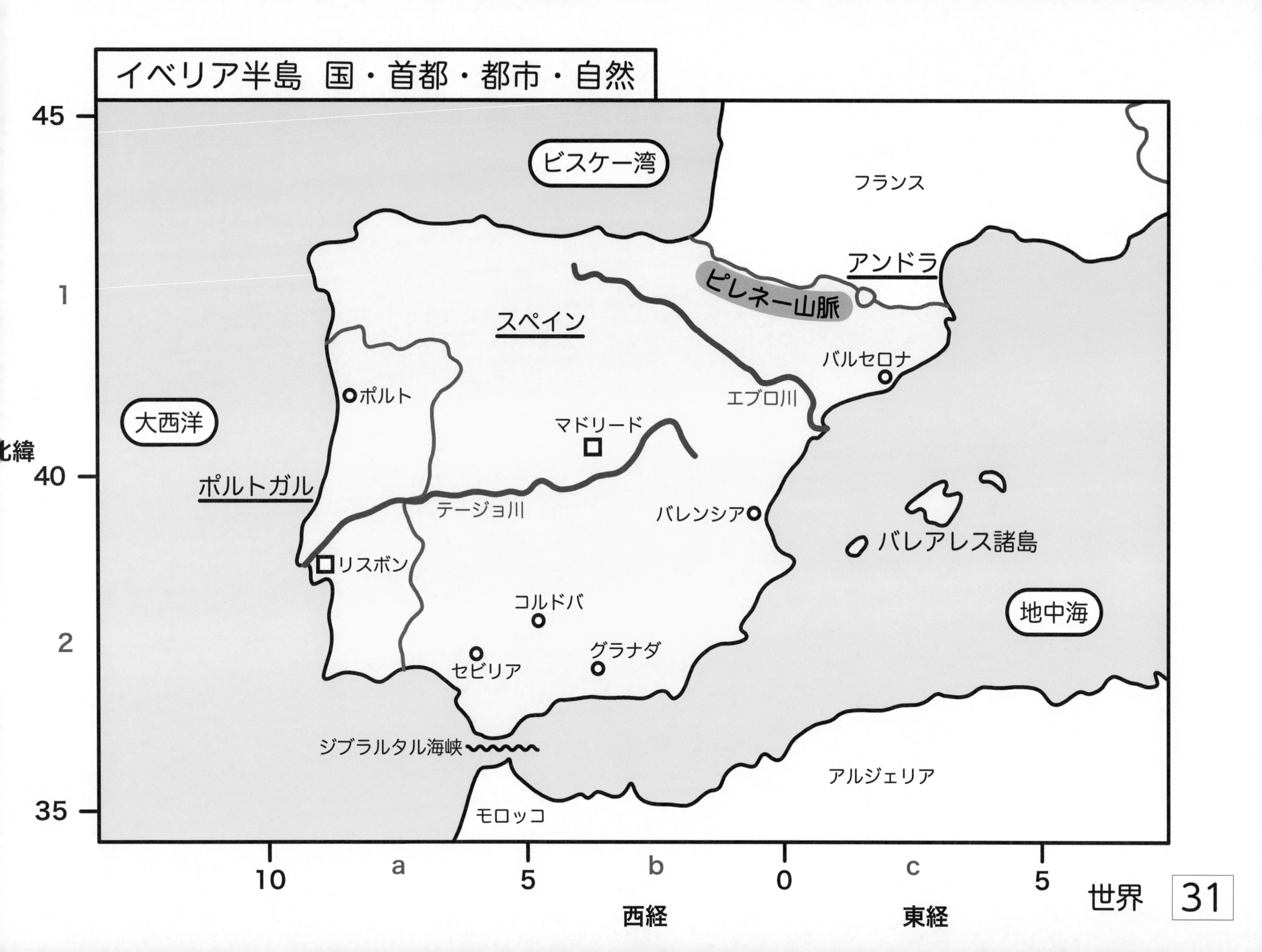

東部ヨーロッパ 国・首都

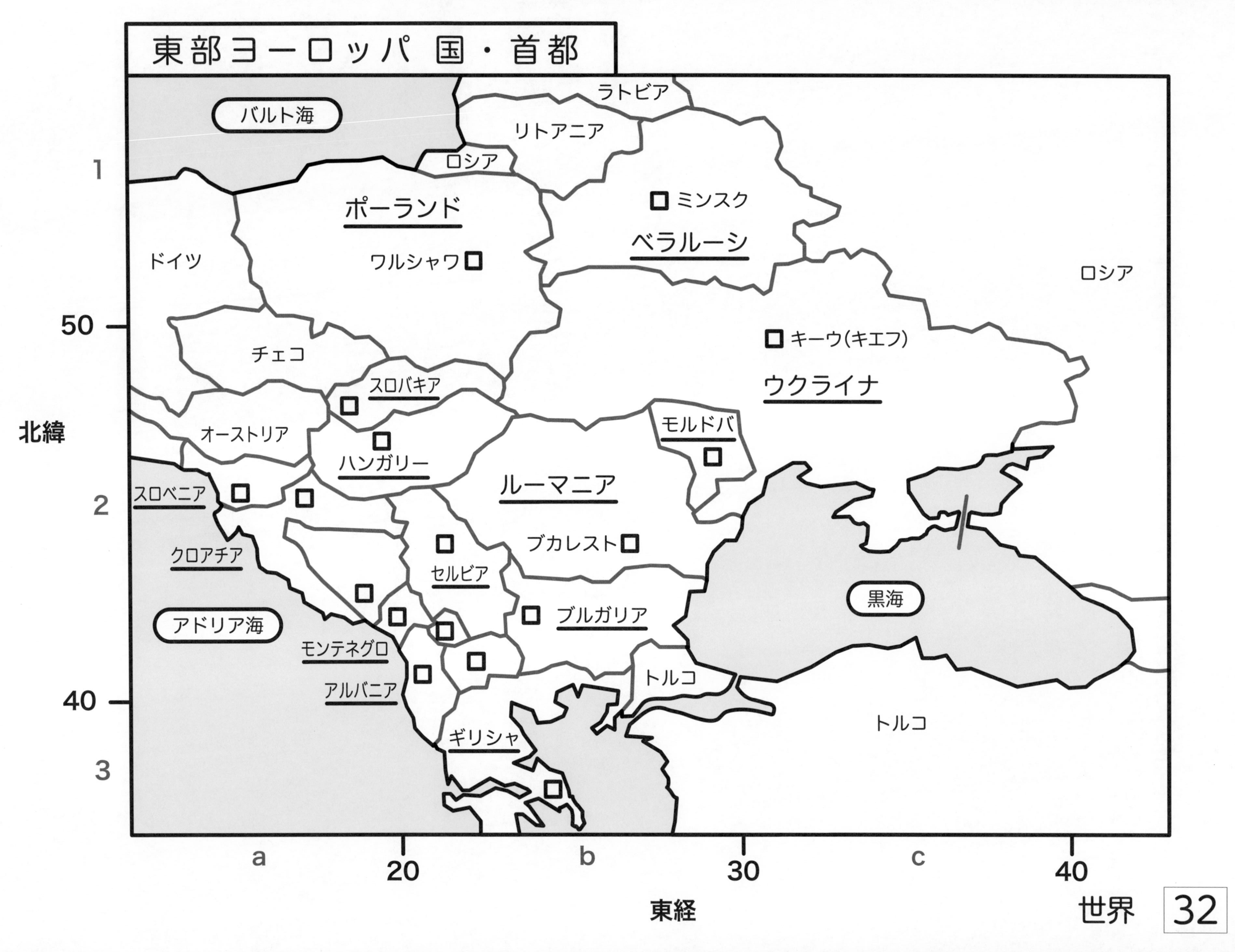
バルト海
ラトビア
リトアニア
ロシア
ポーランド
ワルシャワ
ミンスク
ベラルーシ
ドイツ
ロシア
チェコ
キーウ(キエフ)
ウクライナ
スロバキア
オーストリア
モルドバ
ハンガリー
ルーマニア
スロベニア
ブカレスト
クロアチア
セルビア
黒海
ブルガリア
アドリア海
モンテネグロ
トルコ
アルバニア
トルコ
ギリシャ
1
50
北緯
2
40
3
a
20
b
30
c
40
東経

東部ヨーロッパ 自然

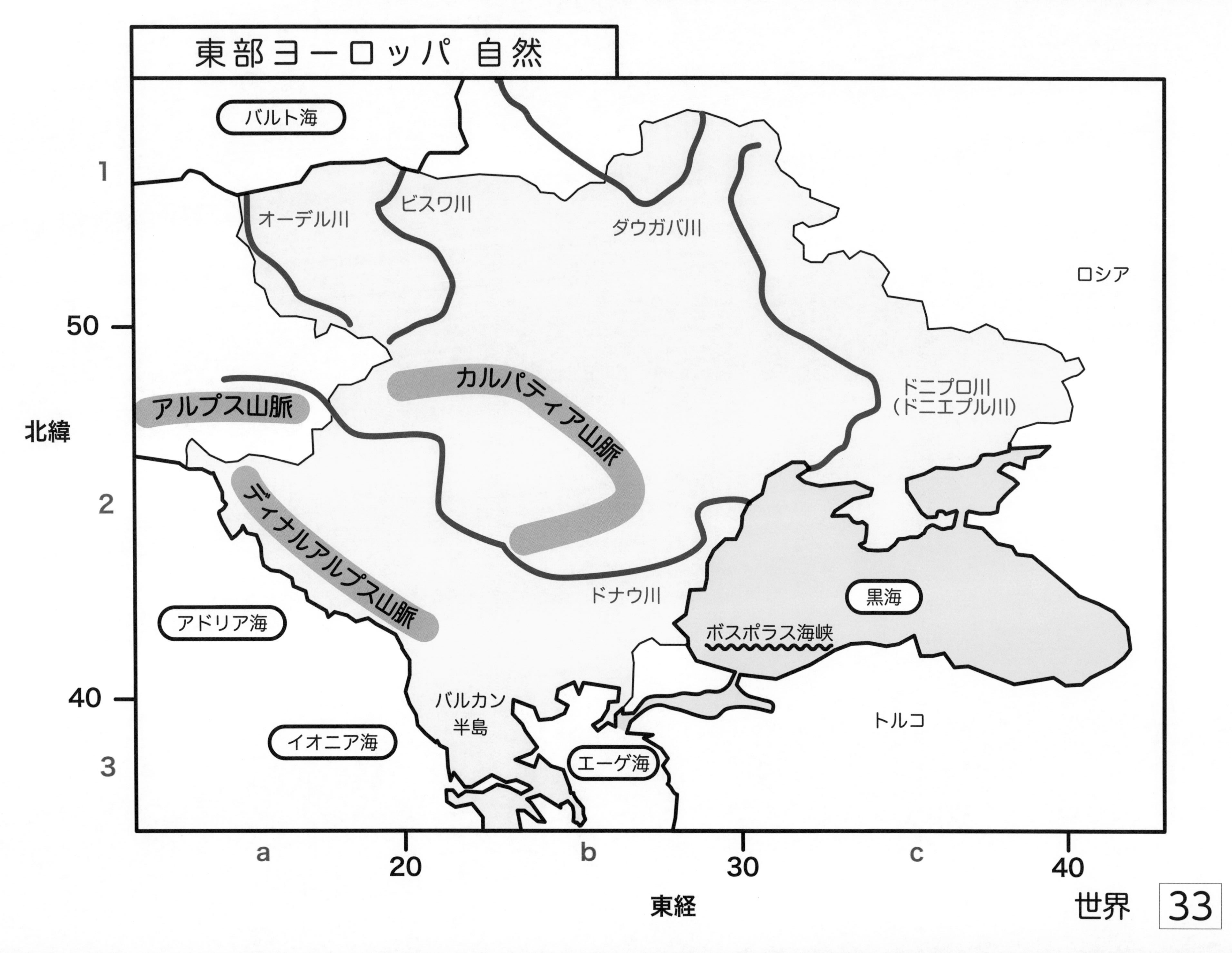

バルト海
オーデル川
ビスワ川
ダウガバ川
ロシア
カルパティア山脈
アルプス山脈
ドニプロ川
(ドニエプル川)
ディナルアルプス山脈
ドナウ川
黒海
ボスポラス海峡
アドリア海
バルカン
半島
トルコ
イオニア海
エーゲ海
1
50
北緯
2
40
3
a
20
b
30
c
40
東経

東部ヨーロッパ中央部　国・首都・都市・自然

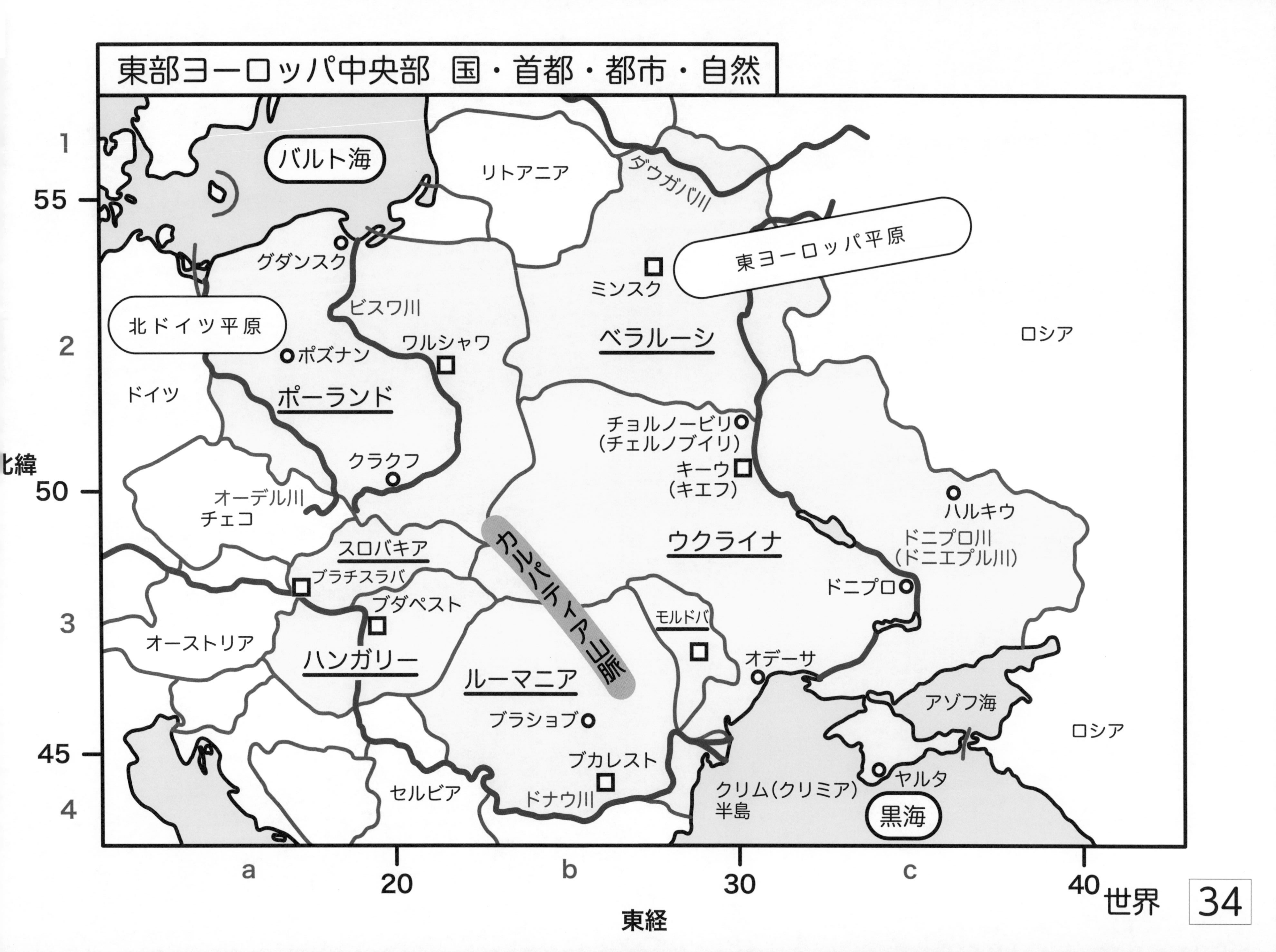

バルカン半島拡大　国・首都・都市・自然

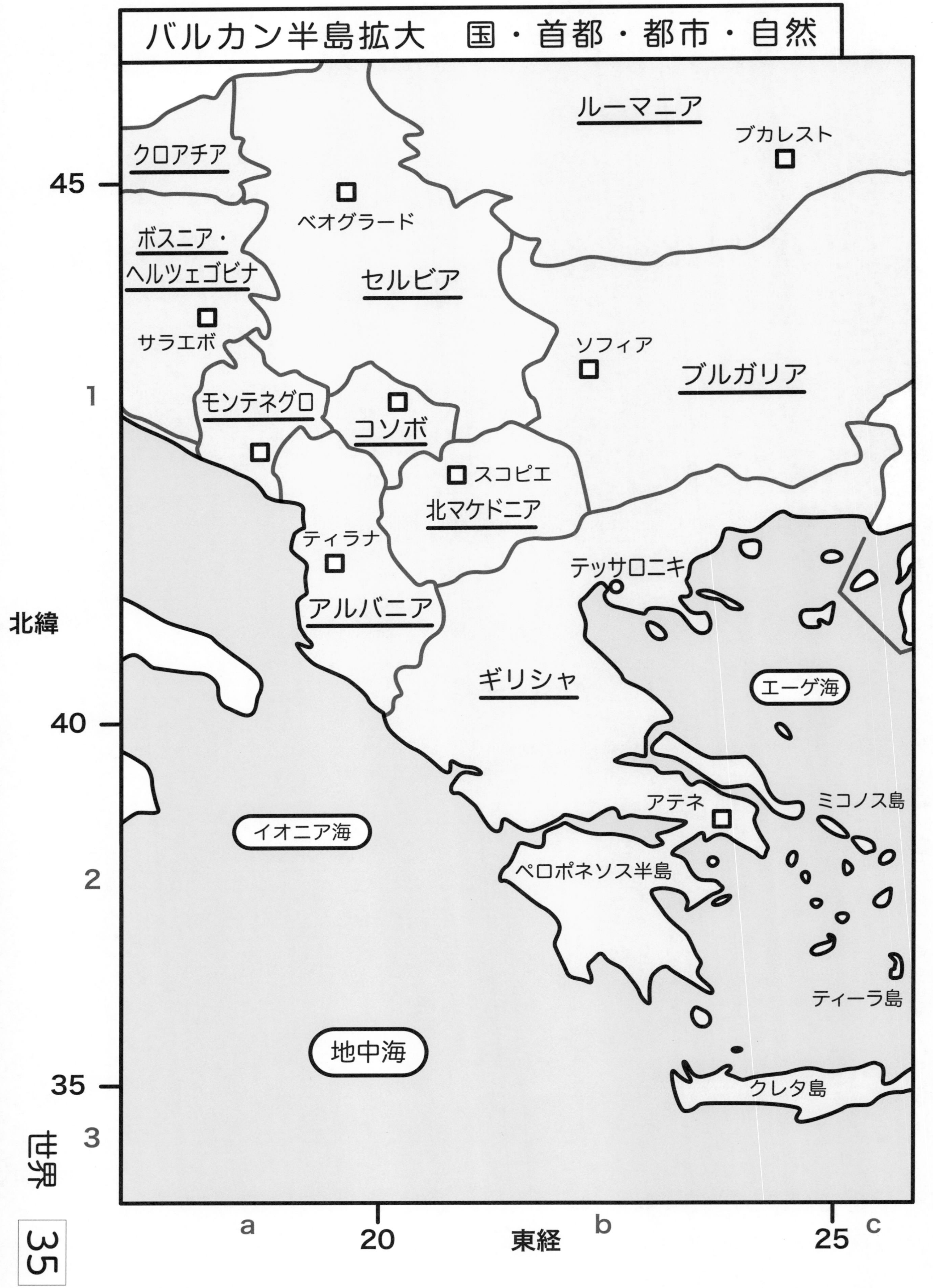

ロシア連邦　国・首都・都市

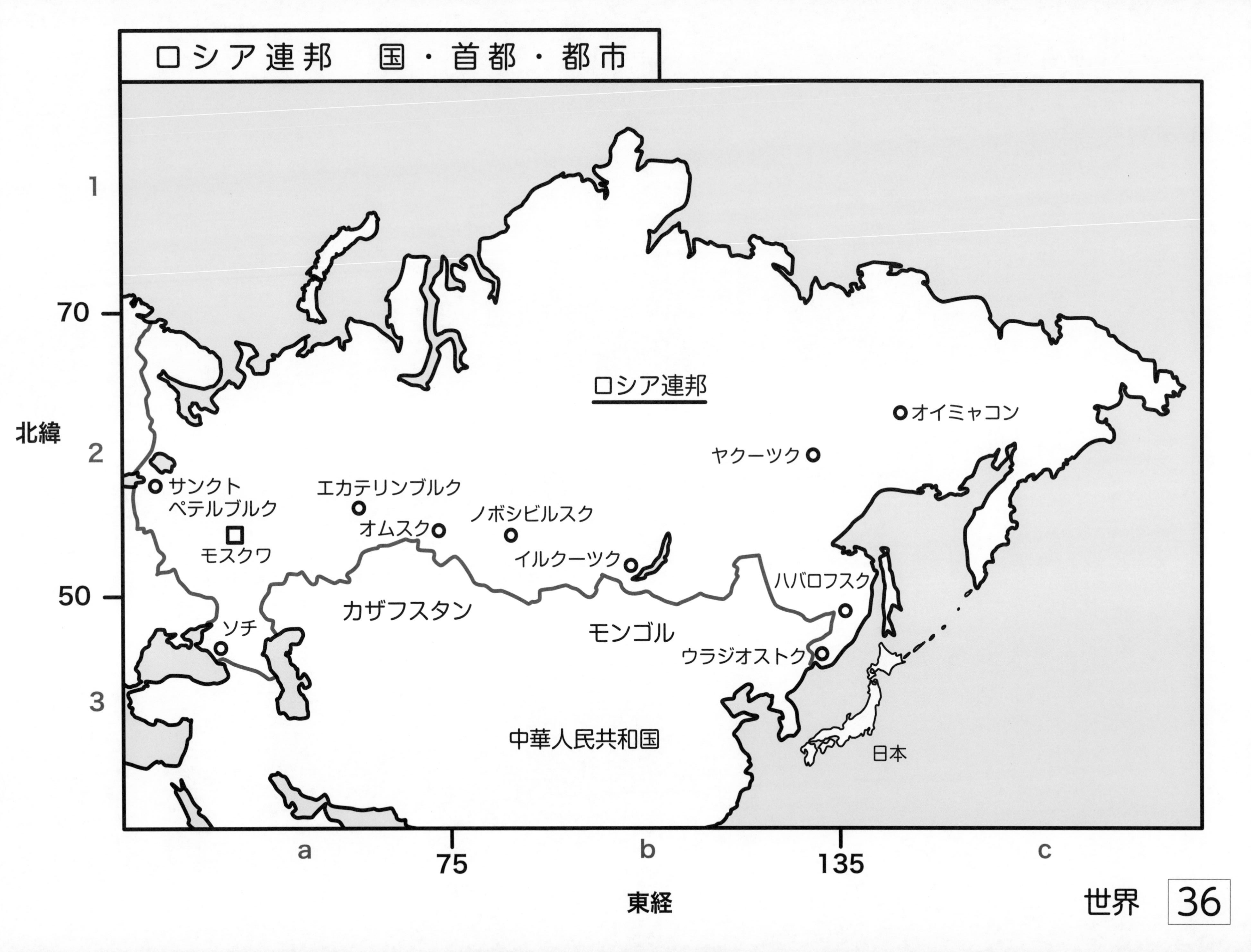
ロシア連邦
オイミャコン
ヤクーツク
サンクト
ペテルブルク
エカテリンブルク
オムスク
ノボシビルスク
モスクワ
イルクーツク
ハバロフスク
カザフスタン
ソチ
モンゴル
ウラジオストク
中華人民共和国
日本
70
50
北緯
1
2
3
a
b
c
75
135
東経

ロシア連邦　自然

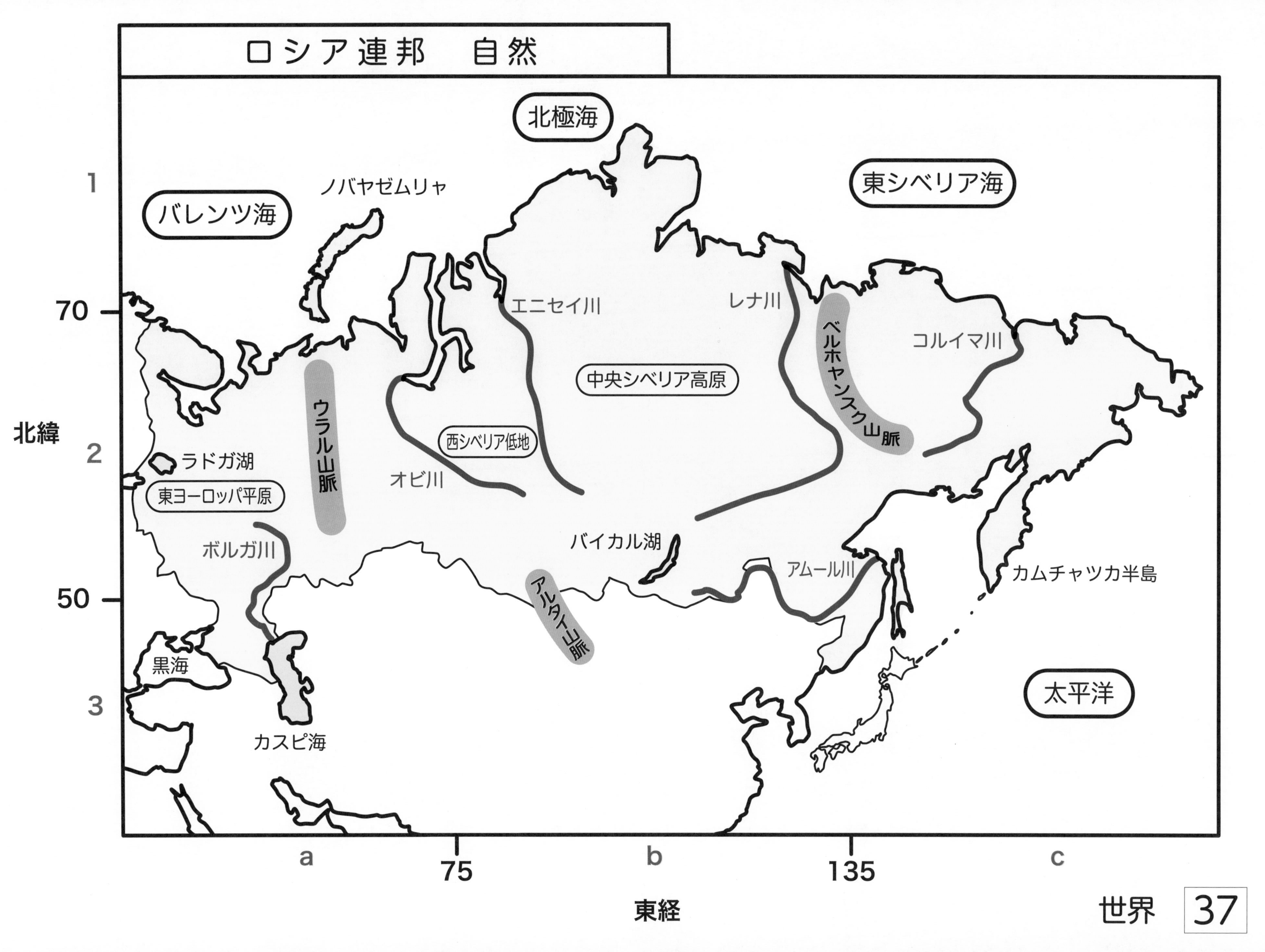
北極海
東シベリア海
バレンツ海
ノバヤゼムリャ
1
70
北緯
2
50
3
ラドガ湖
東ヨーロッパ平原
ボルガ川
黒海
カスピ海
ウラル山脈
オビ川
西シベリア低地
エニセイ川
中央シベリア高原
バイカル湖
アルタイ山脈
レナ川
ベルホヤンスク山脈
コルイマ川
アムール川
カムチャツカ半島
太平洋
a
75
b
135
c
東経

北アメリカ 国・首都・都市

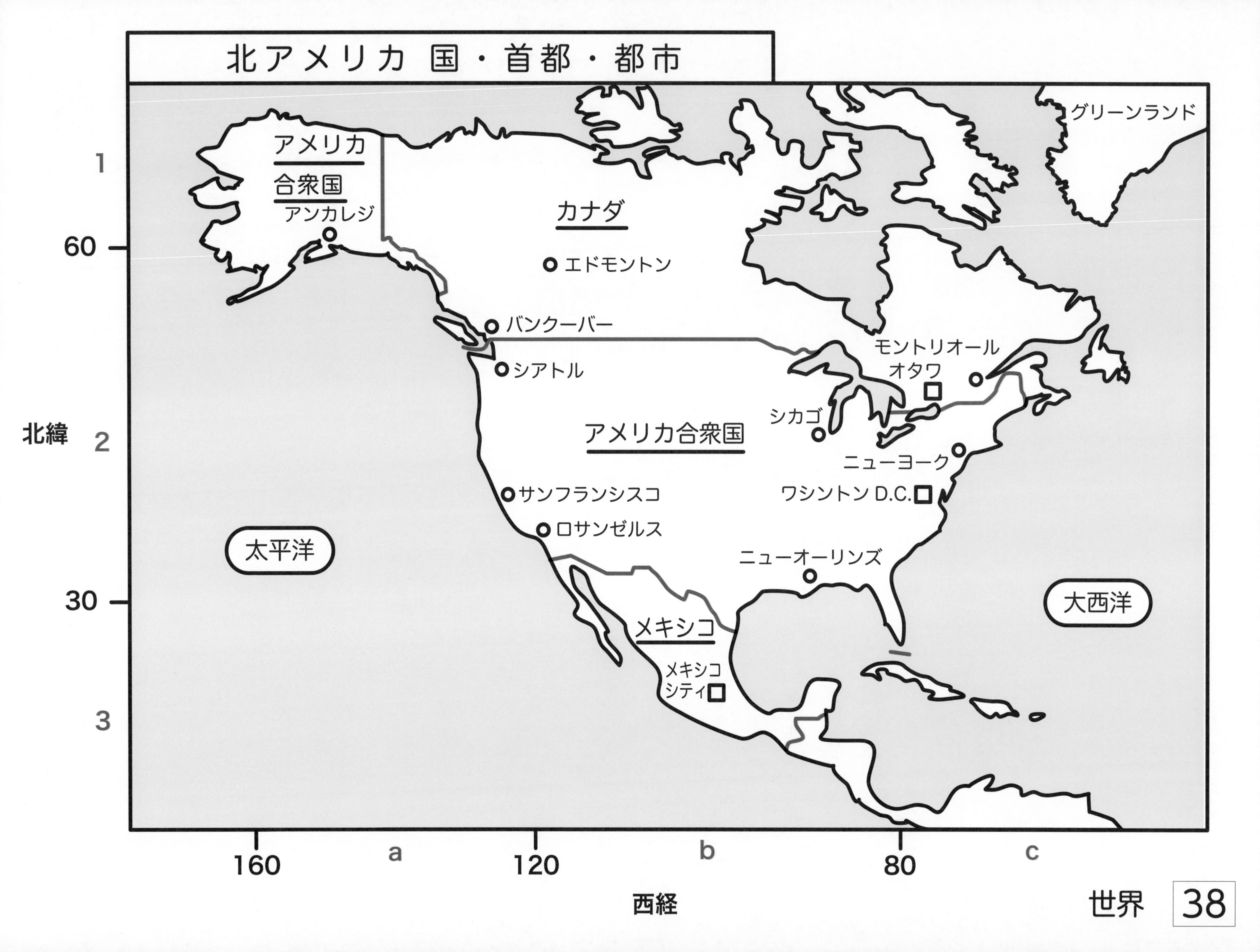

アメリカ合衆国
アンカレジ
カナダ
エドモントン
バンクーバー
シアトル
アメリカ合衆国
サンフランシスコ
ロサンゼルス
メキシコ
メキシコシティ
シカゴ
モントリオール
オタワ
ニューヨーク
ワシントンD.C.
ニューオーリンズ
グリーンランド
太平洋
大西洋
1
2
3
北緯
60
30
a
b
c
160
120
80
西経

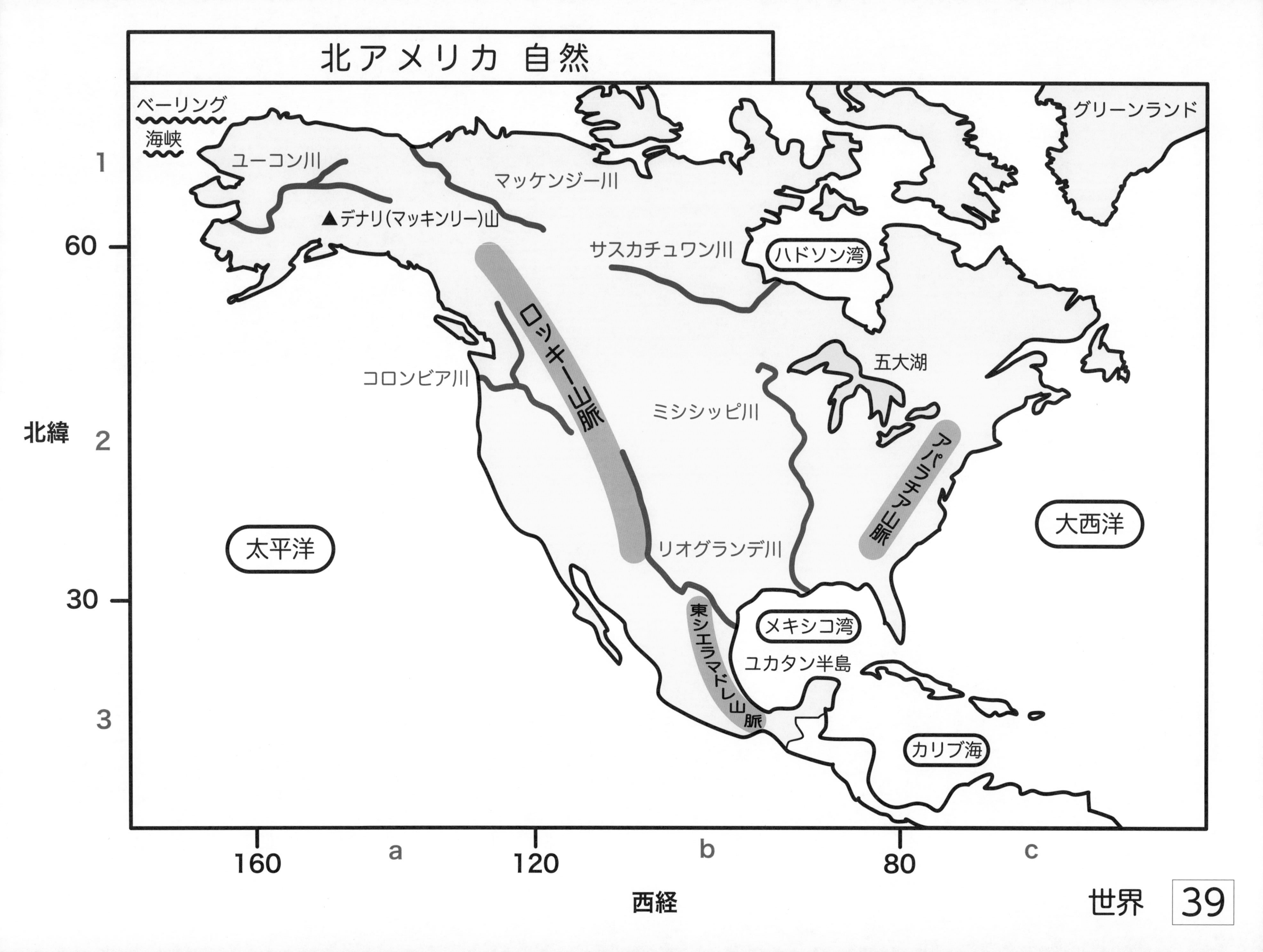
北アメリカ 自然
ベーリング海峡
ユーコン川
▲デナリ(マッキンリー)山
マッケンジー川
サスカチュワン川
ハドソン湾
グリーンランド
ロッキー山脈
コロンビア川
ミシシッピ川
五大湖
アパラチア山脈
大西洋
太平洋
リオグランデ川
メキシコ湾
東シエラマドレ山脈
ユカタン半島
カリブ海
北緯
60
30
1
2
3
160
120
80
a
b
c
西経

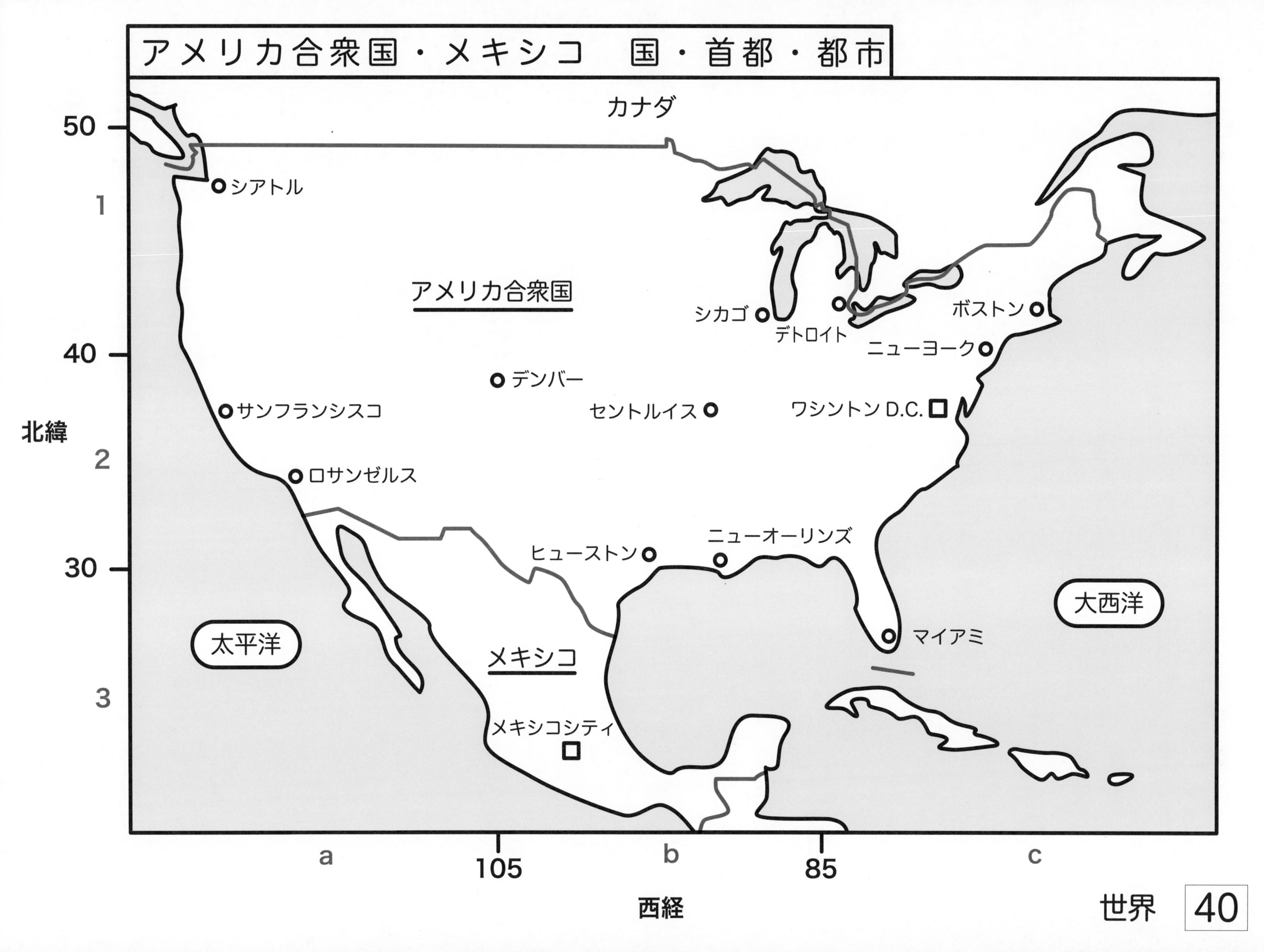
アメリカ合衆国・メキシコ　国・首都・都市
カナダ
アメリカ合衆国
メキシコ
シアトル
サンフランシスコ
ロサンゼルス
デンバー
セントルイス
シカゴ
デトロイト
ボストン
ニューヨーク
ワシントンD.C.
ヒューストン
ニューオーリンズ
マイアミ
メキシコシティ
太平洋
大西洋
50
40
30
北緯
1
2
3
a
105
b
85
c
西経

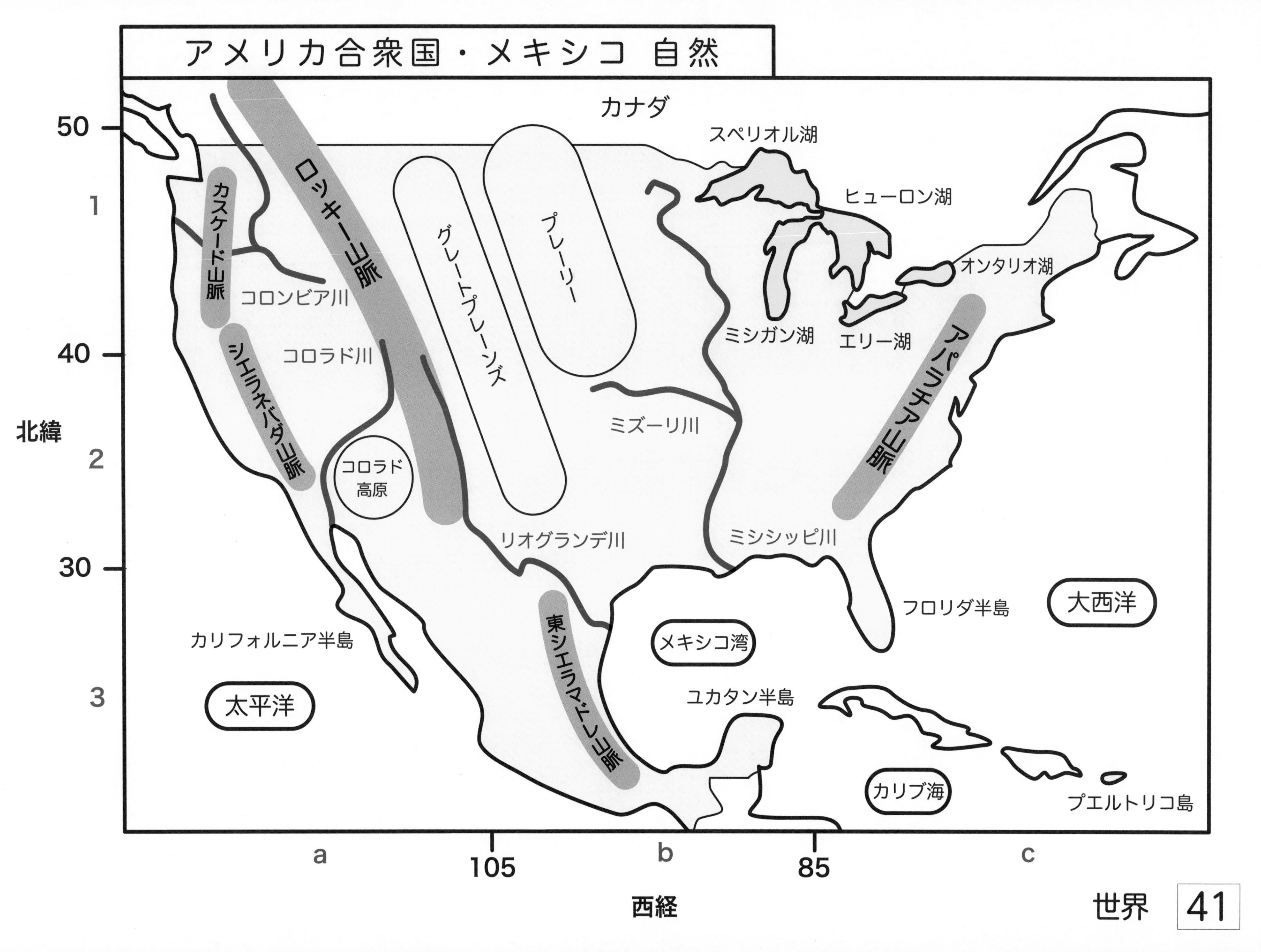
アメリカ合衆国・メキシコ 自然
カナダ
スペリオル湖
ヒューロン湖
オンタリオ湖
ミシガン湖
エリー湖
カスケード山脈
ロッキー山脈
グレートプレーンズ
プレーリー
コロンビア川
コロラド川
シエラネバダ山脈
ミズーリ川
アパラチア山脈
コロラド高原
リオグランデ川
ミシシッピ川
フロリダ半島
大西洋
東シエラマドレ山脈
メキシコ湾
カリフォルニア半島
ユカタン半島
太平洋
カリブ海
プエルトリコ島
北緯
50
40
30
1
2
3
a
105
b
85
c
西経

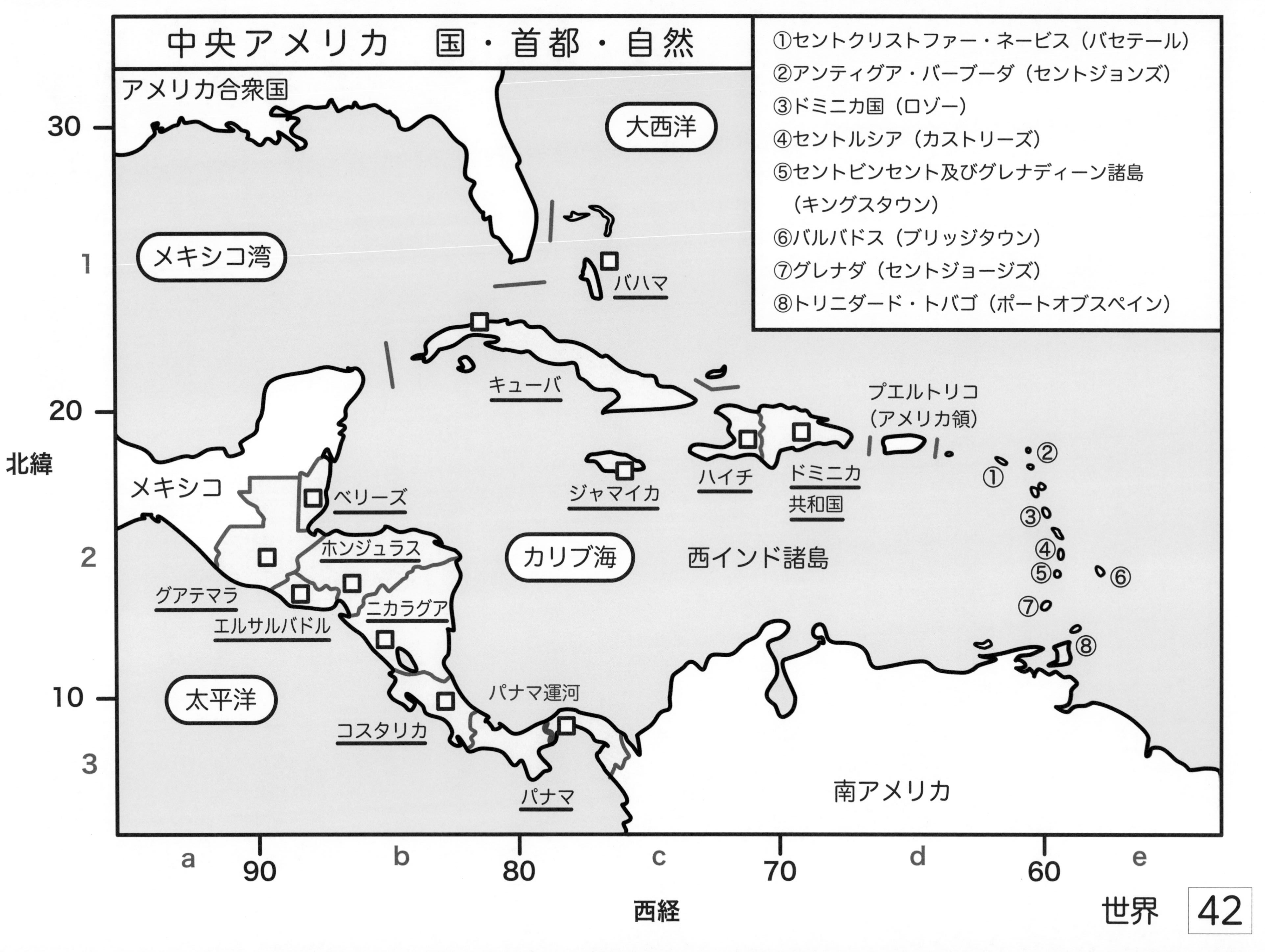

中央アメリカ　国・首都・自然
①セントクリストファー・ネービス（バセテール）
②アンティグア・バーブーダ（セントジョンズ）
③ドミニカ国（ロゾー）
④セントルシア（カストリーズ）
⑤セントビンセント及びグレナディーン諸島（キングスタウン）
⑥バルバドス（ブリッジタウン）
⑦グレナダ（セントジョージズ）
⑧トリニダード・トバゴ（ポートオブスペイン）
アメリカ合衆国
大西洋
メキシコ湾
バハマ
キューバ
プエルトリコ（アメリカ領）
メキシコ
ベリーズ
ジャマイカ
ハイチ
ドミニカ共和国
ホンジュラス
カリブ海
西インド諸島
グアテマラ
エルサルバドル
ニカラグア
太平洋
パナマ運河
コスタリカ
パナマ
南アメリカ
30
20
10
1
2
3
北緯
a
b
c
d
e
90
80
70
60
西経

南アメリカ　国・首都・都市

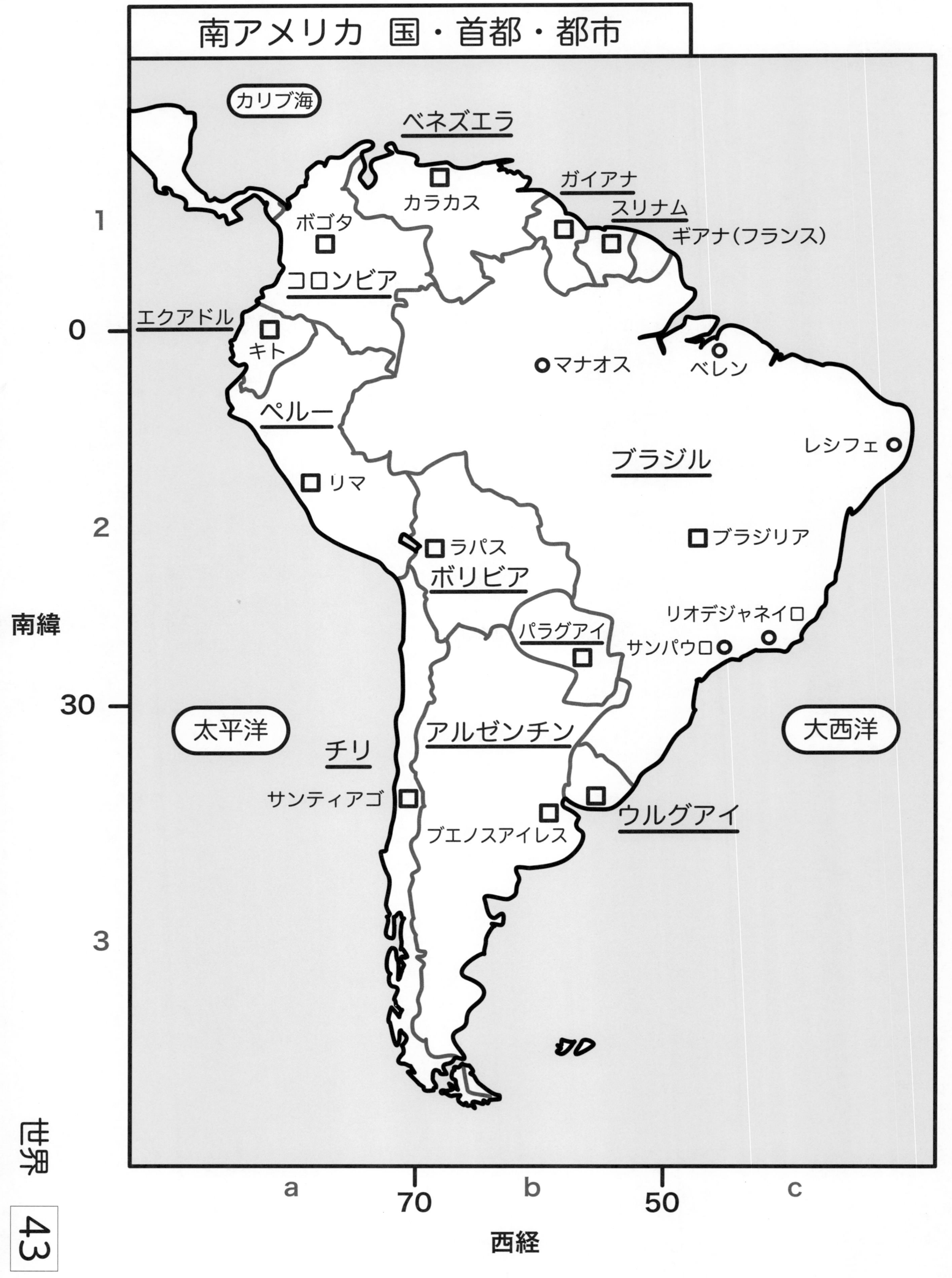

カリブ海
ベネズエラ
カラカス
ガイアナ
スリナム
ギアナ(フランス)
ボゴタ
コロンビア
エクアドル
キト
マナオス
ベレン
ペルー
レシフェ
ブラジル
リマ
ブラジリア
ラパス
ボリビア
リオデジャネイロ
パラグアイ
サンパウロ
太平洋
アルゼンチン
大西洋
チリ
サンティアゴ
ウルグアイ
ブエノスアイレス
1
0
2
南緯
30
3
a
70
b
50
c
西経

南アメリカ 自然

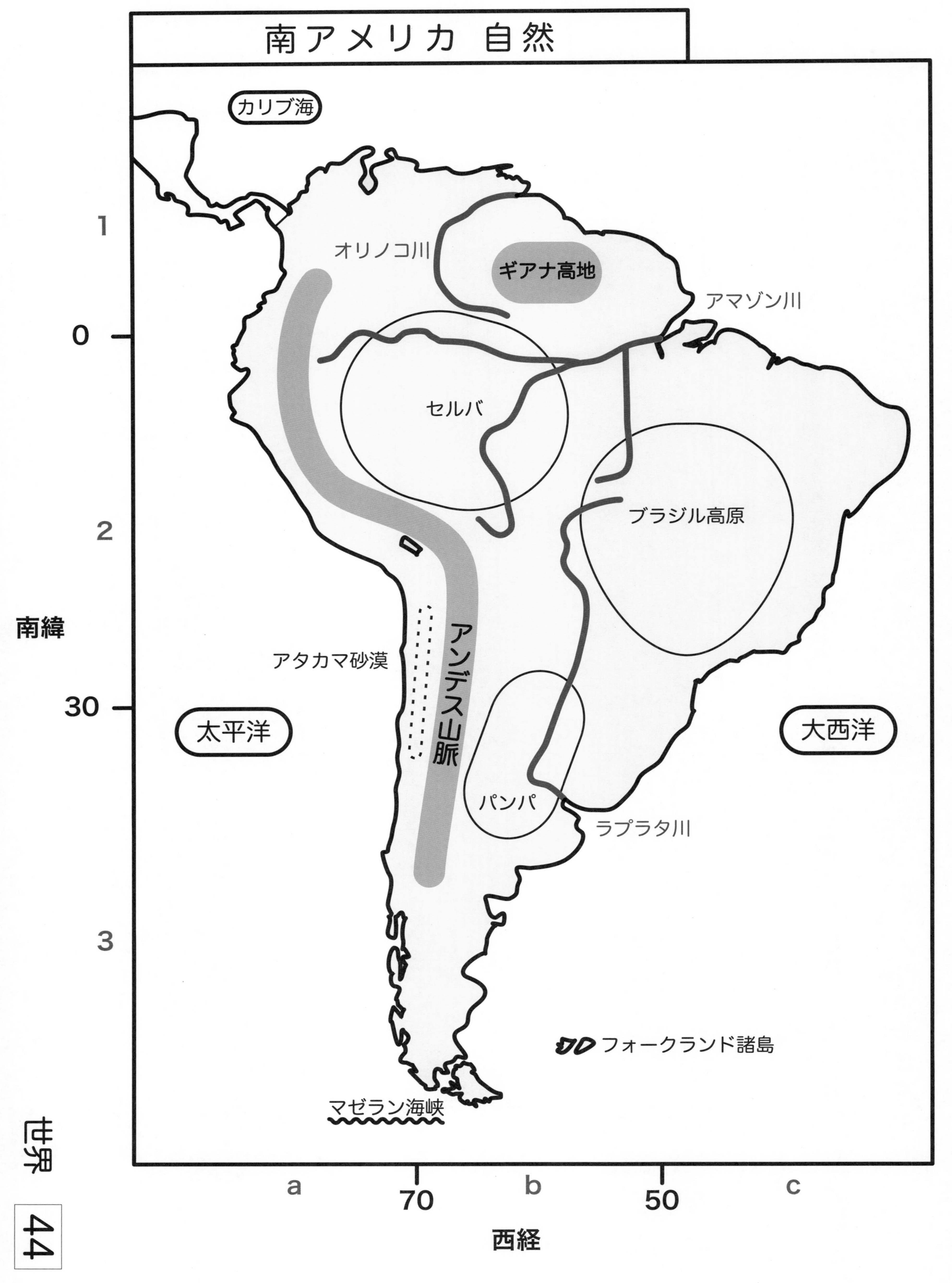
カリブ海
オリノコ川
ギアナ高地
アマゾン川
セルバ
ブラジル高原
アタカマ砂漠
アンデス山脈
太平洋
大西洋
パンパ
ラプラタ川
フォークランド諸島
マゼラン海峡
1
0
2
南緯
30
3
a
70
b
50
c
西経

オセアニア　国・首都・都市

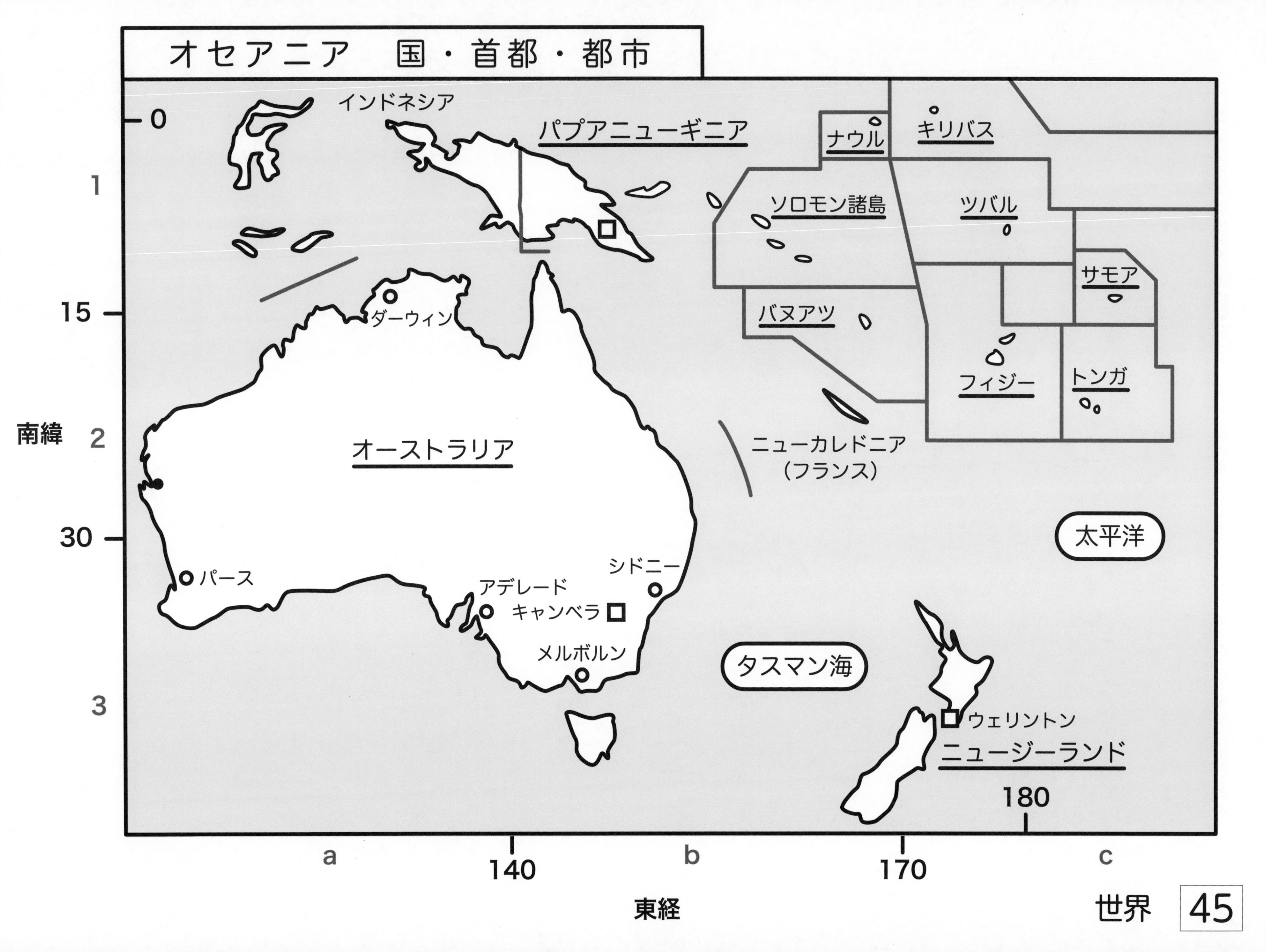

インドネシア
パプアニューギニア
ナウル
キリバス
ソロモン諸島
ツバル
サモア
バヌアツ
フィジー
トンガ
ニューカレドニア
(フランス)
ダーウィン
オーストラリア
パース
アデレード
キャンベラ
シドニー
メルボルン
タスマン海
太平洋
ウェリントン
ニュージーランド
0
1
15
南緯
2
30
3
a
140
b
170
180
c
東経

オセアニア　自然

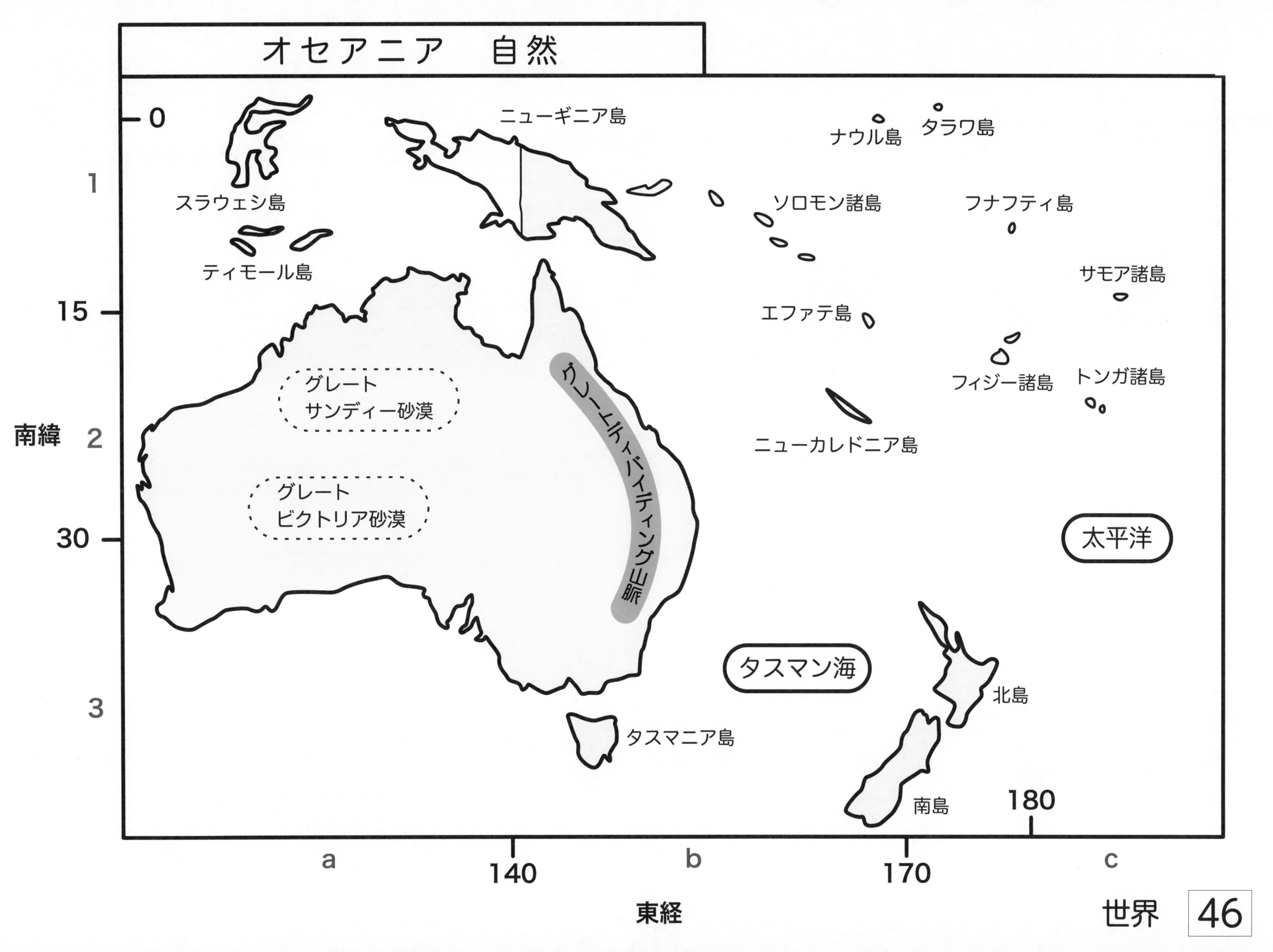
0
1
15
南緯
2
30
3
ニューギニア島
ナウル島
タラワ島
スラウェシ島
ソロモン諸島
フナフティ島
ティモール島
サモア諸島
エファテ島
グレート
サンディー砂漠
グレート
ビクトリア砂漠
グレートディバイディング山脈
フィジー諸島
トンガ諸島
ニューカレドニア島
太平洋
タスマン海
北島
タスマニア島
南島
180
a
140
b
170
c
東経

環太平洋地域の自然と島々

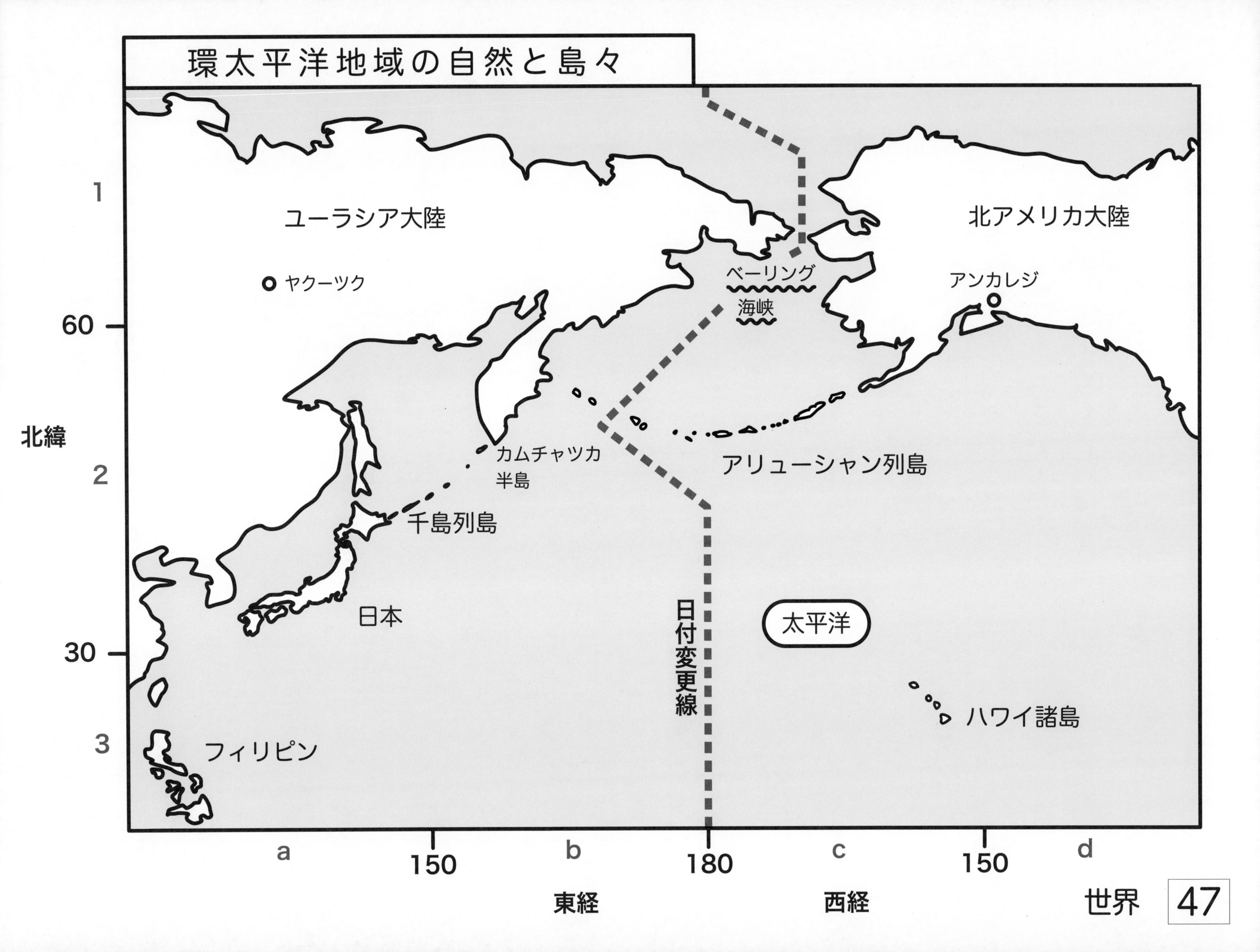